しんどい心がラクになる

ココロちゃんの取扱説明書（トリセツ）

Kokoro-chan's instruction manual

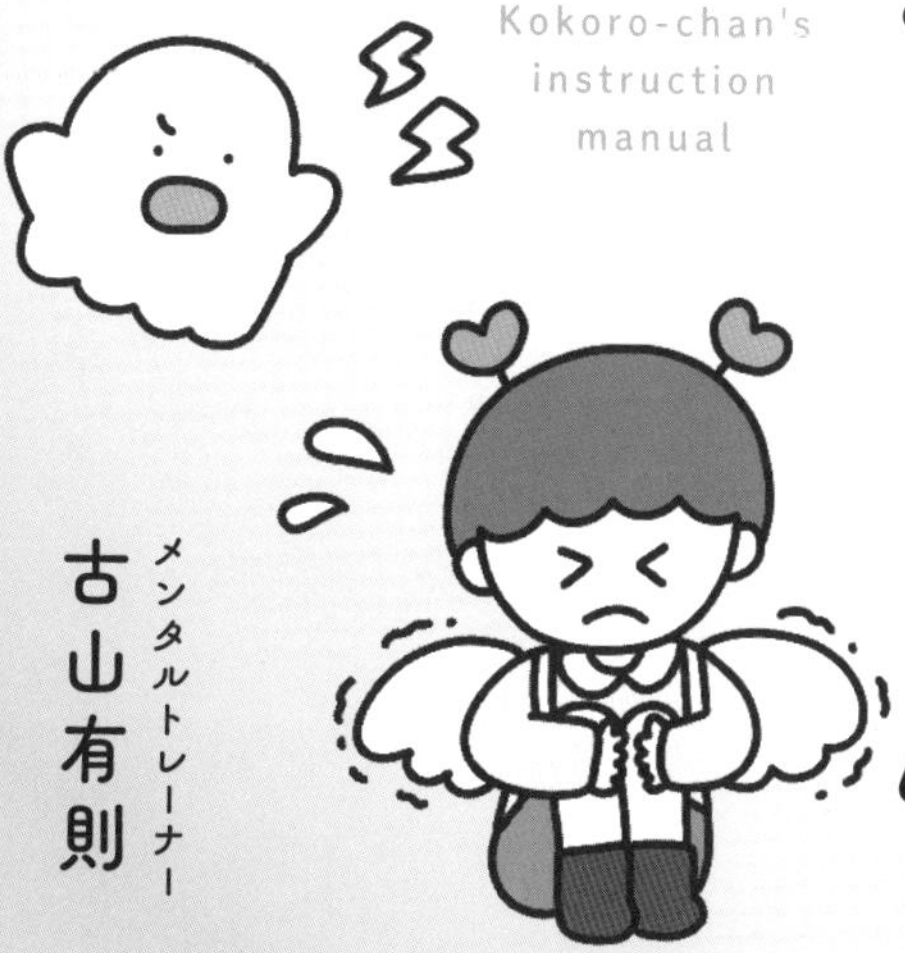

メンタルトレーナー
古山有則

はじめまして。
ココロちゃんと言います。

「え？　小さい子どもだね？」
と思いましたか？

うん！
わたしは、あなたが子どもの時から
あなたの心にずーっと住んでるの。

だから
わたしはあなたで
あなたはわたし。
わたしと仲良くなってくれますか？

あ、そうそう。
わたしたちが着けている
ハートのツノのカチューシャと
羽根のリュック。
これね、制服なの！
この2つを身につけると
なんだか「頑張ろ！」って思えるの。
あなたが困った時には
貸してあげる！

わたしは
いつでもあなたのことを見守っているから
安心してね♡

はじめに

はじめまして、メンタルトレーナーの古山有則（こやまあきのり）です。

先ほどココロちゃんに自己紹介をしてもらいました。

ところで、あなたはココロちゃんの存在に気づいていましたか？

私は20代後半で会社を辞めて自分を変えるために日々奮闘する中で、ココロちゃんの存在に気づきました。

ここからは、ココロちゃんとの出会いについてお話ししながら、少し私の自己紹介をさせてください。


高校生の時は野球部に所属し、非常に高い熱量を持って取り組んでいました。その反動か、野球部を引退してからは今までの自分が嘘のように、やる気も元気も意欲も何もかも消え去り、気づいた時には燃え尽き症候群になっていました。

高校を卒業後、大学・大学院を経て、相続税をメインに取り扱う会社に就職しましたが、そこでは上司から「なんでそんなに仕事ができないんだ」「足手まといだから、あっちに行って」「おまえの代わりなんていくらでもいる」などと言われる毎日――。

ストレスから頭に500円玉くらいの大きさの円形脱毛ができたほどでした。

燃え尽き症候群と円形脱毛症を経験した私は「自分を変えたい」という一心で、時間を作っては読書をしていました。「本を読んでいれば、きっといつか変わるだろう」と思っていたのです。

しかしその時は、本に「自分を大切にしよう」「自分をもっと好きになろう」と書かれていても、「それができないから苦労しているんだよ」「それができないから悩んでいるんだよ」など、抽象的な方法に憤りさえ感じていました。

その後、自分を変えることに専念するために会社を辞めてからは、毎日10〜30冊の本を速読で読み続けて知識を得ていましたが、相変わらず「なぜ、そう思うと良いのか」「具体的にどうすれば良いのか」などが全く分からないままでした。

さらに会社を辞めたあと、メンタルトレーナーとして活動をはじめたものの依頼が1件も来なかったこともあり、さすがに焦った私は「このままではいけない」と思うことができました。

そして今までの読書法や物事の考え方、行動の仕方などを見直し、時間とお金をかけて本に書かれている内容を深堀りしたり、実際にやってみたり、セミナーで学んだことをすぐに実践してみたりと、真剣に自分を変えるために具体的な方法を研究し、自分と向き合い続けていきました。

すると、ある日ココロちゃんと出会ったのです。


今までの私は、親や上司、友人、周りの人などが求めている答えを優先していたので、ココロちゃんの意見に耳を傾けることもせずに、無視していました。

つまり、ココロちゃんと仲が悪かったのです！

そのことに気づいてからは、ココロちゃんの意見に耳を傾け、「ありのままの自分」を受け入れることができました。そして、メンタルトレーナーとして私の経験をＳＮＳで発信したところ、共感が共感を呼んだのかフォロワー数が増え、依頼もどんどん増えていきました。今では１万件以上の相談に乗っています。

自分のココロちゃんだけでなく、クライアントさんのココロちゃんと接することが増えたこともあり、「ココロちゃんはどうすれば喜んでくれるんだろう？」「ココロちゃんのキライなことは何だろう？」「ココロちゃんはどういう性格なんだろう？」と、ココロちゃんの生体について研究をはじめました。

その研究をまとめたのが本書です。

本書では〝ココロちゃんの取扱説明書（トリセツ）〟と称して、ココロちゃんの性格や性質とともに、ココロちゃんと仲良くなるための具体的な方法をご紹介します。

基本的に、ココロちゃんはあなたと仲良くなりたいので、向き合ってもらうためにジーッと待っています。

心が苦しかったり、他人を優先したり、自分の意見がなかったり、「変わりたいけど変われない」「生きづらい」などと思ったりするのは、ココロちゃんと仲が悪いから。

ぜひ、ココロちゃんと仲良くなる方法を知って、実践してみてください。

ココロちゃんが笑顔になると、あなたの心はスーッとラクになりますよ。

茨城県・土浦の書斎にて　古山　有則

Part 1 思考

口癖

道具・持ち物

Part 4 習慣

ワーク

Part 1
思考

アハハ!
とべたー!!

1

「ココロちゃんは、
頑張り屋さんです。」

ココロちゃんと仲が悪い人は、よく「自分なんて……」と自分のことを過小評価するクセを持っていて、ココロちゃんの頑張りを見て見ぬ振りしています。

周りの人たちは、あなたのことをすでに頑張っている人だと思っているのに、本人は「他の人よりも頑張りが足りない」「自分は頑張っていない」などと思ってしまっているのです。

これでは、「もっと頑張らなきゃ！」の無限ループにハマってしまい、ココロちゃんが悲鳴をあげるのも時間の問題です。

今のココロちゃんは100点中、何点ですか？

ココロちゃんの状態や成長は、目に見えません。

目に見えないと、ココロちゃんの成長を実感することは難しいでしょう。そのため、具体的な数字を使って点数をつけてココロちゃんの状態を見える化して、ココロちゃんの現在の状態や成長後と状態を比較できるようにします。

早速ですが、次の2つの質問に直感で答えてみてください。

質問1 今のココロちゃんは100点中、何点ですか？

深く考えずに、頭に浮かんできた数字を書き出してください。

では続いて、次の質問です。

質問2 なぜ、その点数をつけたのでしょうか？
その理由を書き出してください。

~シンキング・タイム　約2分~

さて、あなたは何点をつけたでしょうか？
50点でしょうか？
20点でしょうか？
はたまた、80点でしょうか？
30点以下の赤点をつける人も珍しくなく、時には0点をつける人もいます。

もし、あなたが0～30点の低い点数をつけていたら、「頑張れていないから」「三日坊主だから」「意思が弱いから」などの理由を書いているでしょう。

低い点数をつけている人は、本人が自覚しているかどうかはさておき、「自分は何もしていない」「自分は頑張っていない」などと過小評価しているのです。

反対に、あなたが50点以上の高い点数をつけていたら、「いつも笑顔だから」「学校に行ったから」「家事をしたから」など、できていることや頑張っていることを理由として書いているでしょう。

この点数は現状を把握するためのものなので、低い点数をつけていたとしても伸びしろがあるくらいに受け止めましょう。

ココロちゃんに堂々と120点をつける

ココロちゃんの頑張りを認めてあげるためには、今のココロちゃんに対してつける点数を意識して高くしましょう。

私たちは生きているだけで、１００点です。

１つでも何かできていたら、ココロちゃんに１２０点の点数をつけましょう。

つまり、何かしら行動したり、考えたりすることは加点対象になるのです。

これを**１２０点マインド**と言います（今、本書を読んでいるあなたは、貴重な時間やお金を使って学んでいるのですから、１２０点でも低いくらいだと私は思います）。

今のあなたの状況や状態にかかわらず、堂々と「ココロちゃんは１２０点だ！」と思っていいのです。

では、「ココロちゃんは１２０点だ！」という考え方に変えて、次の質問に答えてみましょう。

質問　今のココロちゃんが１２０点だとしたら、その理由は何でしょうか？

「ココロちゃんは１２０点だ！」で考えると、「会社に行っているから」「読書をしているから」「家事をしているから」他、あなたの行動や考えなどから頑張っていることが見つかります。

低い点数をつけようとすればするほど、自分がいかに頑張っていないかに目が向きやすく、ココロちゃんを過小評価しすぎてしまうのです。

ココロちゃんが頑張っていないわけではありません。

頑張っているココロちゃんを、あなたが低く評価してしまっているのです。

反対に、高い点数をつけようとすればするほど、自分がいかに頑張っているかに目が向くようになっていきます。

つまり、ココロちゃんにつける点数を低い点数から高い点数へ１８０度変えられると、自分に対する視点や考え方が真逆になるのです。

ココロちゃんは、あなたが思っている以上に頑張り屋さんです。

そのため、今のあなたの状況や状態にかかわらず、常に１２０点マインドで堂々と振る舞って生きていいのです。

「ココロちゃんは、頑張りを認められたいと思っています。」

ココロちゃんは常に頑張っています。

その頑張りを誰に認められたいのかというと、あなたとあなた以外の人です。

しかし、あなたがココロちゃんの頑張りに価値がないと思っていると、あなたはココロちゃんのことを認めることができません。

認めてほしい人に認めてもらえないため、あなた以外の人に認められようとココロちゃんが頑張ってしまい、自分の意見ではなく「他人が好きでいてくれる」「他人から嫌われない」という点を意識してしまいます。

あなたがココロちゃんと向き合わず、ココロちゃんの気持ちをないがしろにしてしまっているのです。

意識的に振り返りをする

ココロちゃんの頑張りを認めるためには、過去の行動の振り返りをします。

クライアントさんに「定期的に過去の行動を振り返りますか？」と聞いて、「はい」と答える人は非常に稀です。

毎年10月や11月になると、「もう今年も終わってしまう」「1年間あっという間だったな」と思いませんか？

月末には「今月も早かった」「残業ばかりであっという間だった……」と思いませんか？

厳密には、これも振り返りです。

ただ、ネガティブな部分だけを振り返ってしまっているので、充実感を得ることはできません。

時折、「仕事も辞めたし、頑張っていないので、振り返っても意味がありません」と言う人がいますが、何も頑張っていない人はいません。たとえ仕事をしていなくても、家事や求職活動などはもちろん、生きているだけでも素晴らしいのです。

生きているだけでも100点ですから。

私が大学院生の時、大学を卒業して社会人となった同級生に「古山は学生だから時間があっていいよな」と言われ、「学生といっても、毎日毎日、答えのないことを調べては模索して、さらには論文にまとめて発表しなければならないから忙しいのに……。学生ならではのつらさがあるんだ」と悔しくなったことがあります。

このように、人それぞれ生き方は違い、それを人に認めてもらう必要も人と比べる必要もありません。

どんな人も1日1日をしっかりと生きています。

1人ひとりにそれぞれの事情があり、その人なりに考えることがいろいろとあるのです。ボーッとする時間があったとしても、いろいろと考えている場合もあるでしょう。日々をサラッとネガティブに振り返るのではなく、良い面に注目して振り返るようにしましょう。

それでは、過去の自分の行動を振り返り、ココロちゃんの頑張りを認める際の具体的な方法をご紹介します。

振り返りは、毎月、月末に行うように心がけてください。

【ココロちゃんの頑張りを認める振り返り方法】

〈必要なもの〉

・ノート（サイズは自由・見開きで書き込みます）

・ペン（色も太さも自由）
・落ち着ける場所

〈ステップ〉

1．自分に次の質問をする
「○○を振り返って、何がうまくいって、何がうまくいきませんでしたか？」
※質問部分の「○○」には、「今月」または「今年」を入れてください。

2．質問に対する答えをノートに書き出す
見開きにしたノートの最初のページに「うまくいったこと」、次のページに「うまくいかなかったこと」を書き出し、それぞれを対比できるようにします。

〈ポイント〉

1．うまくいったことは、どんなに些細なことも書き出す
2．うまくいかなかったことは、最大3つまで書き出す

例

「今月を振り返って、何がうまくいって、何がうまくいきませんでしたか？」

うまくいったこと

・会議で発言できた
・朝活を4回できた
・スポーツジムに週2回通えた
・部屋を掃除した
・久しぶりに友人に会えた
・本を2冊読んだ

うまくいかなかったこと

・食べすぎた
・資料の提出が締め切りギリギリだった
・上司に怒られた

振り返るから充実した気持ちを味わえる

【ココロちゃんの頑張りを認める振り返り方法】でステップに沿ってポジティブに振り返りをすると、「意外と1ヶ月の間にいろいろなことがあったな」と充実した気持ちを味わうことができたのではないでしょうか？

毎月、月末に充実した気持ちを味わうと、「今月は、こんなに充実感を得られた！来月はどんな1ヶ月になるだろう」などと次の月に対する頑張りや希望、期待が生まれます。

この充実した気持ちを味わうことが、振り返りをする最大の目的です。

ココロちゃんが365日間も頑張って生きていることを、あなたが認められるようになるからです。

反対に、ポジティブな振り返りをしなければ、1ヶ月の間にたくさんの行動をしているのにもかかわらず「なんだか忙しかった」の一言で振り返りが終わってしまうかもしれません。

また、「今月もダメダメだった」などと頑張っていない印象を持ってしまうなど充実した気持ちを味わうことができず、次の月に対する頑張りや希望、期待も生まれてきません。

時間を捻出してでも、振り返りをする価値はあります。

充実感は**ココロちゃんの頑張りを認めること**であり、過去の自分の行動を振り返るからこそ得られるものなのです。

3

「ココロちゃんは、
いじめられることが
大キライです。」

世の中には、無意識も含め自分をいじめてしまう人がいます。

たとえば、嫌なことがあったら「自分が何もできないから嫌なことが起こったんだ」と思ったり、できないことがあれば「なんで、私はこんなこともできないの！」と自分を罵ったり、すべての行動が自分を虐げることに繫がっているのです。

もし、あなたが睡眠の不安定さや感情の制限不能など、身体や心の不調を感じているとしたら、自分をいじめる思考がクセになってしまい、ずっとココロちゃんをいじめている状態である可能性があります。

つまり、**「自分をいじめる＝ココロちゃんをいじめる」**ということなのです。

ずっとココロちゃんをいじめている状態の時、私たちは物事をネガティブに解釈したり、ひねくれた見方をしたりする**「いじわるなフィルター」**で何事も見てしまいます。

その結果、何事にも冷静な判断ができず誤った判断をしてしまいがちなので、後悔に繫がってしまいやすくなるのです。

ココロちゃんと仲良くするうえで最も大切なのは、**ココロちゃんをいじめないこと**

です。

ココロちゃんをいじめないようにしない限り、どれだけ本を読んでも、どれだけ良い習慣を身につけても、どれだけ自己投資をしても、あなたの今の状況や状態は改善しません。

なぜなら、ココロちゃんをいじめる人は同時に、ココロちゃんを認めることが苦手だからです。

読書をしたり、習い事をしたり、自己投資をしたりして、せっかく成長しているのに成長している部分を認めることができないと、結果や改善に繋がらないのです。

ココロちゃんと向き合い、自分の成長を認め、より良い状態になるために避けては通れないのが、ココロちゃんをいじめないことなのです。

どうすればココロちゃんをいじめないでいられるか

ココロちゃんをいじめたくて意識的に行動している人はいないでしょう。気づかないうちにしてしまっている人がほとんどです。

そのため、ココロちゃんをいじめないようにするのではなく、ココロちゃんをいじめないためには**親友思考**を取り入れましょう。

親友思考とは、親友や大切な人に対して使う言葉や行動を、ココロちゃんに対しても使うことです。

突然ですが、質問です。

質問1 自分が失敗した時、どのように考えますか？

「やっぱり私は何をやってもダメだ」「はぁ、また怒られた。明日、会社に行きたくないな」と考えるのではないでしょうか。

これが、ココロちゃんをいじめている状態です。

では、もう1つ質問です。

質問2 親友や大切な人が失敗した時、どのような言葉をかけますか？

「次は大丈夫だよ」「おいしいご飯を食べに行こうよ」「どうしたの？　話を聞くよ」など、優しく声をかけるのではないでしょうか。

自分が失敗した時とは違いませんか？

親友や大切な人に対しては優しくなれるのに、自分には厳しい言動を取ってしまっているのです。

不思議ですよね。


ここで、少し考えてみましょう。

何かに失敗した時、親や上司に何度も繰り返し、「なんで失敗したんだ」「本当にお前は使えないな」などと責める言葉を言われたら、精神的に参ってしまいませんか？

相手にそんな気はなくても、ココロちゃんがいじめられている状態だからです。

ココロちゃんをいじめている時は、あなたが親や上司のように何度もココロちゃんを責めていることと同じなのです。


ココロちゃんと仲が良い人は、無意識で親友思考を取り入れています。

彼らの言動に注目してみると、仕事で失敗したり、学校で嫌なことがあったりしても、「今日はゆっくり寝よう」「おいしいものを食べて気持ちを切り替えよう」などと自分に優しく寄り添っています。

私がココロちゃんをいじめていた時、ココロちゃんと仲が良い人に出会うと、「よくそういう考え方ができるよな」「能天気だな」「ポジティブすぎるな」などと思っていました。しかし、この親友思考を自分に対して行ったところ、ココロちゃんをいじめることが激減したのです。

もし、あなたが失敗した時にココロちゃんをいじめていたとしたら、「この場合、親友に対してだったらなんと言うかな?」と繰り返し、意識して親友思考を取り入れましょう。

親友思考を定着させる仕組みとして、親友に対してかけるであろう言葉を付箋や手帳に書き、普段から目に触れるところに置いておくのもオススメです。

いじめ癖を直し親友思考を取り入れることで、あなたが自分の成長を認めたり、自分を褒めたりすることができるようになるため、ココロちゃんが大喜びして仲良くなってくれるでしょう。

「ココロちゃんは、流されることが大キライです。」

ココロちゃんは、他人軸ではなく、自分軸で生きたいと思っています。

他人軸で生きている人とは、自分の意見を持っていない人や常に周りの意見に合わせる人、他者からの評価に重点を置いている人など、他者の意見や考えを優先して自分の意見や考え、気持ちを後回しする人のことを言います。

一方、自分軸で生きている人はココロちゃんの意見に耳を傾け、「私は○○だと思います」「私は◇◇だと考えています」など、自分の意見や考え、気持ちを伝えることができます。

クライアントさんからも「自分の意見なんてありません」とよく相談を受けますが、**自分の意見がない人はいません。**

自分の意見がないのではなく、自己主張することに苦手意識を持っている、あるいは自己主張して人に嫌われることが怖いと思っているために自分の意見、つまりココロちゃんの意見を無視しているだけです。

ココロちゃんは常に「どうしたいか?」という意見を持っています。

あなたが他人軸を優先すればするほどココロちゃんの意見を無視してしまうので、

ココロちゃんが「どうせ、相手の意見に合わせるんでしょ」「どうせ私の意見は、尊重しないんでしょ」とへそを曲げてしまい見えにくくさせてしまっているのです。

まずは自分のことを知ろう

たとえば、友人とランチに行く時にメニューを決められない人が多くいます。そして友人が「Aランチにする」と言うと、「私も同じのにする！」とマネをして、考えるのをやめてしまうのです。

もちろん、たまたま食べたいメニューがかぶることもあるでしょう。しかし、他人軸で生きている人は、相手の意見に流されている場合がほとんどなのです。

あなたはどうでしょうか？

メニューを選ぶ際の理由が次のどれかによって、ココロちゃんの意見を大切にしているかどうかが分かります。

友人がランチAを選んだのを受けて、

1. 自分が本当にAランチを食べたくて選んでいる
2. Aランチが昨日の夜ご飯と同じだけれど友人が選んだので「まぁいっか」と思って選んでいる
3. 友人を待たせたら迷惑だと思ってAランチを選んでいる

この3つの理由において、ココロちゃんの意見を大切にできているのは1だけです。

特に3は、友人がイライラしたり、「早くして」と言ったりしたわけではないのに、自分で勝手に「友人を待たせたら迷惑だ」と思い込んで友人と同じメニューを選んでいるので、ココロちゃんの意見を大切にしておらず完全な他人軸になっています。

2は、一見Aランチを食べたくて選んでいるように思えるかもしれませんが、「まぁいっか」と言っているので、ココロちゃんの意見を大切にできていません。

この「まぁいっか」は妥協を表しています。

つまり、「(食べたいわけではないけど、)まぁ(Aランチで)いっか」という意味が含まれているのです。

他にも、「これでいいや」「なんでもいい」「おまかせで」などもココロちゃんの意見を大切にできていないことを表しています。

ココロちゃんの意見を大切にするためには、自分のことを知る必要があります。

まずは自分のことを知るために、ココロちゃんの意見に耳を傾け、ココロちゃんが教えてくれる情報を紙に書き出してみましょう。

たとえば、自分の大好物について書き出してみましょう。

この時、静かな場所で、1人で「自分の大好物は何か?」について考えます。

すると、ココロちゃんが「ハンバーグ」「お寿司」「焼き鳥」など、さまざまな大好物を教えてくれるので、ココロちゃんが言ったとおりに、

・ハンバーグ
・お寿司
・焼き鳥
……

と箇条書きで書き出していきます。

このように、実際に書き出すことで、「ココロちゃんはこれが大好きなんだ」と認知するのです。

自分の大好物を認知することができていれば、メニューを決める時に「大好物はあるかな?」と自分の好みありきで決められるようになります。

他人軸ではなく、自分軸で生きていくためにも、ココロちゃんの意見を大切にしましょう。

そのためにも、まずはココロちゃんの意見に耳を傾け、ココロちゃんのやりたいことや好きなものにまつわる情報をゲットするのです。

そうすることで、ココロちゃんは「私の意見を聞いてくれている」「私の意見を大切にしてくれている」と感じ、ココロちゃんとだんだん仲良くなっていきます。

5

「ココロちゃんは、
人生を全力で楽しみたい
と思っています。」

何かしようと思った時、「周りの人に批判されないかな？」「誰かに笑われないかな？」などと思ったことはありませんか？

このように思ってしまうと、せっかく何かしようと思って1歩踏み出そうとした足をもとに戻してしまったり、ココロちゃんが抱いた好奇心やチャレンジ精神が削がれてしまったりします。さらに行動できずにウジウジしている自分を責めてしまうこともあるでしょう。

これでは、人生を全力で楽しむことはできません。

人生を全力で楽しむために大切なのは、判断基準を〝ココロちゃん〟にして、あなたがココロちゃんを信じて1歩1歩、道を歩んでいくことです。

笑われることを受け入れる

判断基準をココロちゃんにすると、多数決の時に周りの人に合わせて多数派になるということから自然と遠のきます。

ココロちゃんと仲が悪い人は、多数派を選びがちです。

彼らはココロちゃんの意見に価値がないと思っているので、少数派になってしまったり、意見を求められたりすることが怖いからです。

私も昔は、多数決を取る時に周りをキョロキョロ見渡し、多数派の一員になることを確認してから手を挙げていました。少数派になりたくない一心で、自分が絶対に少数派にならないように気をつけていたのです。

ココロちゃんを判断基準にすると、少数派に入ってしまうこともあります。時と場合によっては、周りの人に後ろ指を指されるかもしれません。

しかし、あなたがココロちゃんと仲が良く、ココロちゃんの意見に価値があると思っていたら、周りの人にどう思われたとしても関係なく前進することができるようになるのです。

もし「周りの人に笑われたらどうしよう」と思った時は、**笑われないようにココロちゃんがやりたいことを諦める選択と周りの人に笑われてもココロちゃんがやりたいことをする選択**の2つを天秤にかけて考えてみましょう。

私がメンタルトレーナーになろうと思った時、この2つの選択をそれぞれ天秤にかけて考え続けました。

その結果、「ココロちゃんがやりたいことにチャレンジするんだから、周りの人に笑われるのは仕方ないよね」と前向きに考えて周りからの批判や否定を受け入れることにしたところ、ココロちゃんを判断軸にして自分の人生を生きていくという覚悟が決まりました。

実際にメンタルトレーナーとして活動していく中で、笑われたり、批判されたり、後ろ指を指されたりすることもあります。

しかし、ＳＮＳのフォロワー数が増えたり、本を出版したりしたことで、周りの反応がオセロのように黒から白へと反転していくことを経験しました。

周りからの評価は簡単に変わってしまうもの。気にしても仕方がないのです。

たった一度きりの人生です。

遠慮や我慢をしてココロちゃんを小さな箱に閉じ込めず、人生を全力で楽しみましょう。

「ココロちゃんは、
責められることが大キライです。」

何かうまくいかないことが起こると「私のせいだ」と思ってしまい、ココロちゃんを常に責めてしまう人がいます。

あなたはどうでしょうか？

たとえば、次の2つの質問に答えてみてください。

質問1 片思いしている人や恋人に振られた時、どのように考えますか？

質問2 採用面接に落ちてしまったら、どのように考えますか？

もし、あなたがココロちゃんを責めているとしたら、次のように答えるのではないでしょうか？

質問1 「私が可愛くなかったからだ」「自分が重いせいかな」など

質問2 「学歴も資格もないからだ」「全然伝えたいことを伝えられてないからだ」など

このように、いずれも原因が自分にあると思って落ち込むでしょう。

うまくいかない原因は、自分だけではない

恋愛も就職活動も、うまくいかない原因の1つは自分にあるのかもしれません。
しかし、100パーセント自分が悪いわけではなく、縁とタイミングの可能性も十分考えられます。

恋愛面では、どれだけあなたが魅力的でも、相手に恋人がいたり、相手のタイプではなかったり、相手が仕事で忙しかったりして振られる場合があります。

就職活動では、どれだけあなたが優秀でも、希望している仕事内容と募集をしている部署がズレていたり、今年はたまたま採用していなかったりする場合もあります。

他にも恋愛や就職活動などの限られたことに対してココロちゃんを責めている場合だけでなく、とにかく悪いことをすべて自分に関連づけてココロちゃんを責め続ける責めるクセがついていることもあります。

雨が降るたびに「僕が雨男だからだ」と落ち込んだり、旅行やライブなどのタイミ

ングで台風が近づいてくると「やっぱり私は台風女なんだ」とショックを受けたりするのも、ココロちゃんを責めていることと同じです。

しかし、本当にその人が原因で雨が降ったり、台風が来たりするのでしょうか？

そんなこと、ありませんよね。

出掛ける時や旅行の時に、たまたま天気が悪くなってしまい、鮮明な記憶として刻まれてしまっているだけです。つまり、**思い込み**です。

本当に雨男や台風女の人がいたら、その人といると３６５日常に雨や台風になっているはずです。


また、ココロちゃんを責めやすい人はチャレンジすることが苦手なので、「あの時、ああすれば良かった」「あれに挑戦しておけば良かった」などと過去のことを後悔し続けていることが往々にしてあります。しかし過去のことを悔いても仕方がありません。

ココロちゃんを信用し、縁とタイミングを受け入れて、過去のことは「タイミングが悪かった」と思い、前を向きましょう。目が背中ではなく、顔についているのは、過去よりも未来を見ようとしているからです。

恋愛や就活、日常生活において、たとえ嫌なことやうまくいかないことがあっても、自分以外に**縁やタイミングがその原因になることがあると受け入れましょう。**

そうすることで、ココロちゃんを責める機会が減り、あくまで「今はうまくいっていないいだけだよね」と思うことができるようになります。

縁とタイミングを受け入れるとうまくいく

ココロちゃんを責めなくなると、たとえ悪いことがあっても、嫌なことがあっても、うまくいかなくても「すべて私のせいだ」と思わず「縁やタイミングが原因かもしれない」と思えるので、だんだんココロちゃんを信用するようになり、あらゆることにチャレンジしやすくなります。

その結果、前向きに行動できるようになるのです。

就活で一度落ちた会社に転職活動で再アタックして内定をもらったクライアントさんもいますし、一度は復縁を拒否された相手に「付き合いたい」と告白されたクライアントさんもいます。

いついかなる時も、ココロちゃんを責めてはいけません。

生きていると、何もかもがうまくいかない時もあります。

1日の中で、職場では上司に怒られて、恋人とはケンカして、親には暴言を吐かれてしまうなんてこともあり得ます。ただそれは、タイミングが重なっただけであって、必ずしも自分が100パーセント悪いわけではないのです。

何事においても、嫌なことがあった時やうまくいかない時、失敗した時は、ココロちゃんを責めずに信用して、縁やタイミングの問題だと受け入れましょう。チャンスに巡り会えたらそれはGOサインだと思って、「自分なんかが……」などとためらわずに1歩踏み出しましょう。

そうすることで、ココロちゃんがどんどん前向きになり、あらゆることにチャレンジできるようになるのです。

7

「ココロちゃんは、
常に幸せを感じていたい
と思っています。」

クライアントさんの相談を聞いていると、悩みの根底に「幸せになりたい」という思いがあります。

しかし、これではいつまで経っても幸せにはなれません。

なぜなら、幸せは追い求めるものではなく、気づくものだからです。

「幸せになりたい」と思うのは、現在「幸せではない」と認識していることになります。

これまで多くの方のお話を聞いてきましたが、自分にとって幸せとは何かを具体的に考えている人は少なく、「お金がたくさんあったら」「好きな人と結婚をしたら」など、ただ漠然と考えています。

漠然とした幸せを追い求めると、何が幸せなのかがよく分からないまま、なんとなく「幸せではない」と思ってしまいます。

そこでココロちゃんと向き合い、「どうすればココロちゃんが幸せだと感じる」のか具体的に考えてみましょう。

ココロちゃんにとっての幸せとは？

幸せに正解はありません。ココロちゃんが何を幸せだと感じるかがポイントです。

ココロちゃんの幸せポイントを知るために、まずは「どういう時が幸せ？」などとココロちゃんに聞いてみましょう。

すると、次のように具体的なシーンが答えとして返ってくるでしょう。

・家族と笑顔で過ごしている時
・趣味に没頭している時
・仕事でクライアントさんに感謝された時
・毎日、目が覚めた時　など

このように幸せにまつわる具体的なシーンを見てみると、「○○の時だけ幸せ」という印象を受けがちですが、幸せは一時的なものではありません。

たとえば、ココロちゃんの答えが「大好物のスイカを食べている時」だとしても、大好物のスイカを食べている時だけ幸せを感じるのではなく、幸せを感じている状態で大好物のスイカを食べていたらより幸せを感じられるでしょう。

つまり、幸せは足し算ができるのです。

朝、目が覚めた「幸せ」＋晴れている「幸せ」＋大好物なスイカを食べられる「幸せ」＋……。

幸せについて考える過程において大切なことは、日常生活の些細なことに対してもココロちゃんがすでに幸せを感じていると気づくことです。

すでにある幸せに気づくために

ココロちゃんが幸せを感じるかどうかは、何が起きるかではなく、「幸せだ」と思えるかどうかです。

そこで、ココロちゃんに幸せを感じてもらうために、次の2つの考え方を取り入れましょう。

・すべての出来事にはポジティブな意味がある
・ネガティブな出来事は不幸中の幸いである

突然ですが、あなたにとって大切なものがなかったとしたら、どのような気持ちになるか考えてみましょう。

たとえば、あなたの持っているスマホがなかったらどうなりますか？

音楽を聴きたかったら音楽プレイヤーを持たないといけませんし、連絡が取れる人がいなくなってしまうかもしれません。電車の乗り換えや情報収集などが簡単にできなくなるので、不便になってしまうでしょう。

このようにスマホを失って不便になることで、スマホから受けている恩恵に気づくことができるのです。

他にも、簡単にインターネットへ繋げられなかった時代では、少しでもネットに繋がることができれば大満足でした。しかし、常にネットに繋がれることが当たり前の今では、少しでもネットの読み込みが遅いとイライラしたり、不満を感じたりしてしまいます。

私たちが当たり前だと思っていることは、本当は当たり前ではないのです。

このように考えると、いつも当たり前に思っていたことの中にも幸せを感じられることが見つけられるでしょう。

私は燃え尽き症候群と円形脱毛症を経験したことがあります。この時は、非常につらい日々を過ごしました。

燃え尽き症候群の時、人は無気力になったり、喜怒哀楽の感情を失ったり、他者に対してないがしろな態度を取ったりします。私も心にぽっかりと穴が空いたように無気力になるため、何もすることができない自分に嫌気が差して、自分を責めてしまうようになりました。

しかし、燃え尽き症候群と円形脱毛症といったつらい経験にも、ポジティブな意味があったのです。

燃え尽き症候群に対しては、頑張りたくても頑張れなくなって心にぽっかりと穴が空いたけれど、その状態から抜け出してメンタルトレーナーになれたからすごいというふうにポジティブに捉えることができますし、円形脱毛症に対しては、円形脱毛症になる人は少なく珍しいことだから、円形脱毛症になった人たちに共感できると考えることができました。

私の場合、燃え尽き症候群と円形脱毛症があったから、自分の人生を軌道修正しようと決めることができました。この経験がなかったら、現在メンタルトレーナーをしていませんし、本を書いてもいないでしょう。

また、「ネガティブな出来事は不幸中の幸いである」と考えることで、ネガティブな出来事からも「幸せだ」と感じられる部分を見つけることができます。

たとえば新車を購入してすぐに擦(こす)ってしまったら、落ち込んだり自分を責めたりしてしまいがちですが、「怪我をせずに済んだから、まだマシだ」「少しの傷で済んだからセーフ」などと不幸中の幸いだと捉えることで気持ちを切り替えることができます。

人生は何があるか分かりませんし、今の幸せはつらい経験が糧になっていることが往々にしてあります。

私たちの周りには幸せがたくさん落ちていると認識したうえで、ココロちゃんと向き合い、より幸せを感じましょう。

幸せ探しをしていたら、幸せになっちゃったということはありません。

「どういう状態が幸せ？」などとココロちゃんに聞いたり、「今、幸せだよ」などとココロちゃんの言葉を受け取ったりして、普段からココロちゃんと対話しておくことで、幸せになれるのです。

8

「ココロちゃんは、せっかちです。」

ココロちゃんはせっかちなので、最短距離かつ最短時間でラクに結果を出したいと考えています。

しかし、ココロちゃんのこの考えは尊重してはいけません。

なぜなら、最短距離や最短時間でラクに結果を出そうとすると、広い視野で考えずに目の前の短絡的な方法に飛びつき、その結果、大切なことをないがしろにしてしまうからです。

大切なことをないがしろにせずに結果を出すためには、何事も収穫を焦らない**農業の法則**を取り入れましょう。

農業の法則とは、畑を耕し、種を蒔き、水を与え、雑草を抜き、育った実を収穫するという、農業における一連の流れのことです。

リンゴが熟するのを待てないからといって、焦って熟していないリンゴを食べてしまってはお腹を壊してしまいます。

つまり、最短距離かつ最短時間で結果を出そうとしても、失敗に繋がってしまうのです。

焦っている時ほど基礎に戻る

焦っている時は、気持ちや脳内の余裕がなくなります。

クライアントさんから相談を受けた時、解決策として思考の変換や習慣化など、時間のかかる方法をお伝えすると、「古山さん、もっと良いアドバイスありませんか？」と言われることがあります。

私はこの質問が来たら次の２つの理由から、「ありません」と即答します。

１つ目の理由は、早く良くなりたいと気が急いているクライアントさんのココロちゃんを落ち着かせるためです。決して、私が仕事を放棄しているのではありません。「恋は盲目」とはよく言ったもので、焦りも私たちを盲目にしますし、他者のことを考えず、自分勝手で強引になってしまいます。

つまり、ココロちゃんが焦っていると、機が熟していないのに事を急いてしまい、失敗してしまうのです。

２つ目の理由は、最短距離や最短時間でラクに結果を出そうとしている人は、基礎が疎（おろそ）かになっているケースが往々にしてあるからです。

どんなことにも、基礎があります。

社会人の基礎であれば、「報連相の徹底」「メモを取る」「時間厳守」など。

メンタルの基礎であれば、「睡眠」「運動」「食事」など。

人間関係や恋愛の基礎であれば、「感謝を伝える」「すぐに謝る」「相手に依存しない」など。

このような基礎がきちんとできていないと、いくら頑張ってスキルを磨いても、セミナーに参加しても、本をたくさん読んでも、問題は解決されず、成果も出ません。

反対に、どんなに些細なことであっても基礎を徹底すると、緩やかなカーブを描きながらではありますが、確実に問題が解決したり、成果が出たりします。

この２つのことをクライアントさんに気づいてもらうために、私は悩みや問題の解決策として時間のかかる農業の法則をお伝えするのです。

ココロちゃんが焦った時は特にきちんと地に足をつけ、日々の積み重ねである基礎を意識することが大切になります。

ココロちゃんとじっくり向き合う

ココロちゃんが焦っている時ほど基礎が大切であるというお話をしましたが、基礎が何か分からなかったら、基礎を徹底しようと思っても実行に移せません。

そのため、まずはココロちゃんと向き合い、「今、ぶつかっている悩みや問題の原因となっている基礎とは何か?」を考え、3つから5つほどノートに書き出しましょう。基礎が分かってはじめて、悩みや問題を解決することができるのです。

なお、ココロちゃんと向き合うのに近道はありません。

人間関係も、毎日の挨拶や自己開示、傾聴などの基礎を日々積み重ねていくことによって、雪だるまが少しずつ大きくなるように相手との関係が築かれていきます。

たった1回だけ頑張って挨拶や自己開示、傾聴などをしてみても人間関係は築かれません。

このように基礎の積み重ねを疎かにするとココロちゃんの心は掴めないのです。

1歩ずつ前進していけば、3776メートルもある富士山の山頂にたどり着けるように、どんな状況や状態でも、今ここから歩み出していけば人生は変えられるのです。

ココロちゃんが焦っていたとしても「今までの基礎の積み重ねが、自分を支えてくれているよ」とココロちゃんに語りかけ、疑わず、惑わされず、ふて腐れずに前進していけば、気づいた時には大きな大きな雪だるまができています。

時間がかかったとしてもココロちゃんと向き合って1歩ずつ基礎を積み重ねていくことが、結果として悩みや問題を解決する近道になるのです。

「ココロちゃんは、面倒くさがり屋さんです。」

頭では分かっていても、根本的に問題を解決する行動よりも、短期的でその場しのぎの行動を選んでしまうことはありませんか？

たとえば、仕事で残業が多い場合、残業をしてしまう原因を考えたり、スキルアップをして残業を減らしたりするなど、根本的に残業を解決するために行動するほうが良いと思うでしょう。

しかし実際には、仕事が終わっていないけれど帰宅したり、時間がある時にスキルアップするための方法を調べようと思いつつもSNSを見たり、お酒を飲んでしまったりと、短期的な対処や根本的な解決とは関係ない行動をしてしまいがちです。

ほとんどの場合、どうすれば良いのか分からないというよりも、どうすれば良いのか分かっているのに行動をしていないのです。

このような短期的な対処や後回し、先延ばしは、ココロちゃんの面倒くさがり屋さんの性格が引き起こしています。

そのため根本的な解決方法が分かっていても、ココロちゃんの面倒くさいという気持ちが勝って短期的な対処をしたり、「あとでやろう」と思ったまま、やるべきことを忘れてしまいできなくなったりしてしまうのです。

さらに、短期的な対処はクセになります。短期的な対処では根本的に問題を解決することができないので、いずれ短期的な対処に依存してしまったり、短期的な対処では一時的にでも問題を解決できなくなって何度も繰り返したりしてしまうからです。

違和感には注意を払う

たとえば、歯に違和感がある時は、「歯医者に行ったほうが良い」と、みんな分かっています。ところが「痛くない」と思った途端、緊急に対処しようと思わなくなり、再び歯が痛くなるまで放置してしまいがちです。

思い当たる人も多いのではないでしょうか？

このように違和感に気づいたとしても、ココロちゃんが抱いた面倒くささを理由に、違和感のある歯を使わないようにしたり、痛み止めを飲んだりするといった短期的な対処で誤魔化してしまいます。

しかし、ココロちゃんは面倒くさがり屋さんである一方で、根本的な問題解決を望んでいます。

そのため、ココロちゃんときちんと向き合い、「短期的な対処でいいの？」「後回しにしたら、あとから困らない？」「根本から問題を解決しなくてもいいの？」などと語りかけ、問題を解決するための正しい選択を促すことで根本的な問題解決へと繋がっていきます。

私自身、ずっと首が痛かったのですが、病院や整骨院に通っても全く改善しないことから「もう治らない」と諦めていました。

そのため、毎朝、寝違えた時のような激痛に襲われても耐えしのぶのみで、湿布を貼ったり、朝起きたら熱いシャワーを浴びたりするなど、ココロちゃんと向き合うことなく短期的な対処をしていたのです。

ところが、いくら短期的な対処をしても一度に使う湿布の枚数が増える一方で、一向に痛みが和らぐ気配がありませんでした。とうとうココロちゃんと向き合い、時間とお金はかかっても根本的な解決のために行動する覚悟を決めました。そして、さまざまな施術を試したところ、骨盤矯正に出会ったのです。

首の痛みの原因が、ストレートネックと骨盤の歪み、身体の硬さだと分かり、根本的な解決に向けて、毎日のストレッチと週に一度の骨盤矯正で身体をメンテナンスした結果、首の痛みが軽減し、毎朝激痛に襲われることもなくなりました。

何事もそうですが、後回しや先延ばしをすると、時間やお金がかかったり、痛みが強くなったりと必ずその分の利息がついて返ってきます。そうならないために、少しであっても違和感は放置せず、早急に対応することを心がけましょう。

問題の根本的な解決を目指すために、問題から目を背けずココロちゃんと向き合うことで、短期的な対処や後回し、先延ばしを防ぐことができます。

ココロちゃんが面倒だと思っていても、きちんと向き合い、根本的な問題解決のための正しい選択を促すことが大切なのです。

Part 2 口癖

10

「ココロちゃんの主食は、言葉です。」

私たちの身体は私たちが食べた物で作られますが、ココロちゃんは私たちが発した／聞いた言葉と物事の捉え方によって作られていきます。

ココロちゃんにとって前向きな言葉は栄養素が高く、後ろ向きな言葉は毒になります。

つまり、前向きな言葉を使えば使うほどココロちゃんは元気になり、後ろ向きな言葉を使えば使うほどココロちゃんは元気がなくなるというわけです。

後ろ向きな言葉は、あなたに跳ね返ってくる

大学生の頃、私は愚痴魔でした。

毎週大学の授業終わりに友人と何時間も噂や愚痴を話していました。他の友人がSNSでチャレンジすることを発信しているのを見つけては「絶対にうまくいかないよ」などとあざ笑っていたこともあります。


ココロちゃんは、どれだけ小さな声でも、たとえ独り言だったとしても、あなたが発しているすべての言葉をきちんと聞いています。

音読をして暗記すると記憶に定着しやすいと言われていますが、前向きな言葉も後ろ向きな言葉も同じです。

良くも悪くも発した言葉は、ココロちゃんに定着してしまうのです。


また、後ろ向きな言葉の積み重ねは、長期的に自分自身を苦しめます。

私がメンタルトレーナーをはじめようと考えた時、今まで自分が発していたことで蓄積されていた後ろ向きな言葉が自分に跳ね返り、「絶対にうまくいかない」「失敗したら笑われる」「きっとみんな僕のことをバカにしている」など、後ろ向きなことばかり頭の中をよぎりました。


誰かに直接言われたわけではありませんが、過去に私が発してきた後ろ向きな言葉がココロちゃんから聞こえてきたのです。

後ろ向きな言葉がココロちゃんに定着すると、あなたの思考を止め、1歩前に踏み出すことを躊躇(ちゅうちょ)させ、あなたを臆病にしてしまうのです。

後ろ向きな言葉は周りにも影響を与える

突然ですが、質問です。

質問 あなたは、学校や仕事から帰ると「疲れた」と口にしていませんか？

おそらく、多くの人が「はい」と答えるでしょう。
あなたが本当に疲れていて「疲れた」と言っているのであれば問題ありません。
しかし、ただ「今日も1日なんとかやりきった」というくらいの気持ちで発していたり、「疲れた」が口癖になっているだけで実際にはそこまで疲れているわけではなかったりする場合は、自分が発している言葉を意識する必要があります。
なぜなら、無意識に後ろ向きな言葉を発している可能性があるからです。

また、あなたが意識して後ろ向きな言葉を発していないとしても、あなたが学校や仕事から帰ってきて発した「疲れた」という言葉を聞いた子どもや親、恋人などはどう思うでしょうか？
「学校が大変なんだな」「何か学校で嫌なことでもあるのかな」「友達とうまくいっていないのかな」などと心配したり、「仕事はママを苦しめる」「仕事が大変なんだな」「そんな仕事だったら辞めてしまえばいいのに」などと思ったりするかもしれません。

このようにあなたが発している言葉は、あなたの周りにいる人たちのココロちゃんにも影響するのです。

後ろ向きな言葉は毒なので、言葉を聞くだけでココロちゃんはエネルギーを吸い取られてしまいます。

あなたの無意識に発している言葉で周りの人たちまで疲れさせてしまうのです。

あなたが無意識に発している言葉は、前向きな言葉でしょうか？

それとも、後ろ向きな言葉でしょうか？

意識していなければ、そもそも自分がどういう言葉を発しているのか気づくこともできないかもしれませんし、親や友人、恋人などの周りの人に指摘されて、はじめて気づくことも少なくありません。

日頃から、自分の発している言葉に意識を向け、「疲れた」「しんどい」「つらい」「私なんて……」などの言葉でココロちゃんに毒を与えていないかチェックしましょう。

もしココロちゃんに毒を与えていたら、今すぐ「すごいね」「頑張っているね」「さすがだね」「価値があるね」など、栄養満点の前向きな言葉をプレゼントしてあげてください。

栄養満点の言葉を与えれば与えるほどココロちゃんは笑顔になって、あなたはどんどんココロちゃんと仲良くなることができるのです。

11

「ココロちゃんは、0からスタートすることが苦手です。」

ココロちゃんは新しいことにチャレンジする時、腰が重くなります。

そのため、新しいことにチャレンジする機会があったり、新しいアイデアが降ってきたりしても、やらない理由やできない理由を見つけては、行動する前に諦めてしまいます。

たとえば、はじめて海外に行けるチャンスが巡ってきても、「英語が話せないから」「お金がないから」「忙しいから」など、さまざまな理由をつけてチャレンジしないのです。


はじめてのことやチャレンジは0からのスタートになるので、経験がなかったり、できるか分からなかったりします。最初からうまくいく保証もありません。

しかし、ココロちゃんははじめからうまくいくことを目指しすぎているうえ、うまくいかないこと、いわゆる失敗を受け入れることができないのです。

0からのスタートに対して、さまざまな理由をつけてはいますが、実際はココロちゃんが「周りの人に笑われたくない」「不器用だと思われたくない」などと感じているので、1歩踏み出す前にチャレンジすること自体をやめてしまうのです。

私は学生の時、友人が「みんなとスポーツジムに行くんだけど、古山も来ない？」と誘ってくれましたが、「痩せてから行くね！」と断ったことがあります。友人は、「痩せるためにジムに行くんじゃないの？」と首を傾げながら言ってくれたのですが、私の決意は変わりませんでした。

当時の私は、スポーツジムに行く人は〝身体が仕上がっている人の集まり〟だと思い込んでいたため、身体がだらしない状態でジムに行っても笑われるだけだと思い、行動する前に断ってしまったのです。

これもココロちゃんの性格によるものです。

0からスタートすることが苦手なココロちゃんの背中を押すには、「**とりあえずやってみよう**」を口癖にするのがオススメです。

まずはココロちゃんに**とりあえず**という気軽さを理解してもらうことで、0から1への1歩を踏み出しやすくなります。

さらに、「とりあえずやってみよう」には、「失敗なんて気にしないで」という意味が込められています。失敗についてあれこれ考える前にとりあえずやってみることを繰り返すことで、どんどんチャレンジできるようになるのです。

他にも、ココロちゃんが「失敗しても誰も覚えていないよ」「はじめてなんだから失敗して当たり前」というふうに思うことができると、失敗を受け入れやすくなります。

少しずつでもいいので、ココロちゃんが「失敗をしても大丈夫」と思えるように、日頃から「とりあえずやってみよう」と言ってみましょう。

失敗を受け入れられないからチャレンジを避ける

ココロちゃんは失敗を受け入れられないので、何事においてもチャレンジしない道を選んでしまいます。

口癖によって、ココロちゃんが失敗を受け入れることができるようになると、何事においてもチャレンジする道を選び、新しいことを意識して迎え入れるようになります。

仮に新しいことに対してブレーキを踏んでしまったとしても、意識してチャレンジすることを選択するのです。

チャレンジしている人としていない人との差は、月日が経つにつれてどんどん開いていき、その人の言動に影響を及ぼします。

たとえば堂々としている人は、周りの人から「あの人は自信があるんだ」などと思われがちですが、実際は失敗することをココロちゃんが受け入れており、新しいことにチャレンジする習慣がついているのです。

つまり、チャレンジの量が度胸に繋がり、チャレンジすればするほど物怖じしないココロちゃんへと成長します。

まずは、次の2つのことを意識してみましょう。

・とりあえずやってみる
・迷っていたらやってみる

そうすることで、新しいことやチャレンジの量をどんどん増やすことができ、その結果、ココロちゃんの成長のスピードが速くなるのです。

新しいことやチャレンジの量を増やすためにもオススメなのは、日常生活内でてきることです。

たとえば、「新しいスイーツを買ってみる」「新しい道を通ってみる」「いつも行くカフェで新しいメニューを頼んでみる」など、仕事帰りにコンビニに寄るくらいの気軽さがあると良いでしょう。

日常生活内でどんどん新しいことやチャレンジの量を増やすことができると、一気にココロちゃんは成長しますから、ぜひ気軽に取り組んでみてください。

まずは、「とりあえずやってみる」を口癖にして、ココロちゃんが失敗を受け入れられるようにしてあげましょう。

12

「ココロちゃんは、
期待しすぎてしまう
ところがあります。」

失敗を恐れずにチャレンジしたことで0から1になったとしても、トントン拍子に2、3、4と進んでいくわけではありません。

しかしココロちゃんは、重い腰を上げて行動したら何事もうまくいくものだと思っています。

これは大きな間違いです。例外としてビギナーズラックもありますが、ほとんどのことは0から1になったくらいではうまくいきません。

メンタルトレーナーとしての活動をスタートした私は、知識不足を補うために毎日読書をしていました。知識を補えば仕事の依頼をもらえるだろうと思っていたからです。しかし、いくら読書をしても仕事の依頼が来なかったので、まだまだ知識が不足していると考えて複数のセミナーに通い、さらに知識を補いました。

それでも仕事の依頼が来なかったので、ならばとさまざまな方法に取り組んでみましたが、結局、仕事の依頼は1つも来ませんでした。なぜなら、知識不足が主な原因ではなかったからです。

私は仕事の依頼が0件という事実を受け止め、メントレの効果や集客の仕方、セッション内容などを見直しました。

その結果、1件、1件と仕事が舞い込んできたのです。

思い切ってチャレンジしてトントン拍子に次のステップに進まなかったとしても、そのことには価値があります。

なぜなら、ココロちゃんが「このままではダメだ」と気づくからです。

今のまま進んでも行き止まりだということが分かれば、道や方法を変えることができます。

これは、実際に行動しなければ分からないことなのです。

行動をするから課題が見つかる

物事がトントン拍子に進まない時は、「やってみなきゃ分からない」と言ってみましょう。

「やってみなきゃ分からない」を口癖にすることで、改善マインドが身につきます。

改善マインドとは、行動することで「問題がどこにあるのか」「問題は何なのか」「どれが問題なのか」など問題の原因を見つけて、それらを少しずつ良くしていこうという考え方です。

重要なのは1回目のチャレンジで大成功することではなく、問題点を見つけながら、それを改善してより良いものにしていくことです。

車を少し擦ったら今まで以上に安全運転をしようと思うのと同じで、何をどうしたら失敗をするかが分かれば良いのです。

このように、私たちの日常には、やってみないと分からないことが溢れています。机の上だけで考えるだけではなく実際に行動をすることで、はじめて課題にぶつかることができるのです。

壁にぶつかったらチャレンジしている証拠だと思って、課題と向き合い改善していくことに焦点を当てて考えてみましょう。私たちの人生は、行動することでしか変わらないことをお忘れなく。

13

「ココロちゃんは、
常に安心したい
と思っています。」

ココロちゃんは、少しでも可能性があると1歩踏み出すことはできますが、絶対に無理だと感じることは断固として行動に移そうとしません。

たとえば停電になった場合、その場所がはじめて行った旅先のホテルなのか、自宅なのかで全く対応が異なります。はじめて行った旅先のホテルであれば周りに何があるか全く分からないので身動きが取れないでしょうし、自宅であれば真っ暗で何も見えなくても記憶を頼りになんとかしようと行動するでしょう。

両者の対応の違いは、うまくいく可能性が少しでもあるかどうかです。この先どうなるか全く分からない時、ココロちゃんが「絶対にうまくいかない」と思うと絶望してしまいますが、うまくいく選択肢や可能性が少しでもあれば、不安は軽減され、前を向こうと思えます。

ココロちゃんに少しでも可能性があることを伝えるためには、普段から「うまくいくに決まっている」という言葉を使いましょう。

普段から前向きな思い込みを作る

普段から「うまくいくに決まっている」と繰り返し声に出して言うと、前向きな思い込みを事前に作っておくことができます。

そのため、たとえどれだけ高い壁にぶつかっても、どんなに困難な道に出会っても、ココロちゃんが「最終的にはなんとかなるよね」と物事を楽観的に考え、安心することができるのです。

たとえば転職活動において、「転職先が決まるかな?」とココロちゃんが不安に感じていると今の職場のままでいることを選択します。

一方、ココロちゃんが日頃から「うまくいくに決まっている」と思っていると、転職活動に対して楽観的に考えられます。すると、エントリー数が増えたり、不採用になっても前向きに他の会社を探したりすることができ、内定をもらえる可能性も高まります。

就活においても、受験においても、夢の実現においても、結果が出るまでに時間がかかったり、つらい道のりを歩いたりすることが往々にしてあります。

その中でココロちゃんを安心させるためには、たとえ大変なことでも、つらいことでも、結果が出るまでのプロセスをココロちゃんに楽しんでもらう必要があります。

日頃から「うまくいくに決まっている」と繰り返し声に出して言うことで前向きな思い込みを作っておくと、たとえ大変な場面やつらい状況に遭遇しても「このステージはハードモードだ」「ボスが強すぎる」などのように、プロセスをゲーム感覚で楽しんだりすることができるのです。

失敗するかもしれないと不安になるよりも、「最終的にはなんとかなるよね」くらい物事を楽観的に考えられると、何事に対してもココロちゃんが安心することができます。

ココロちゃんが1歩、また1歩と足を前へ出して進んでいけるように、「うまくいくに決まっている」と声に出して、前向きな思い込みを作ってみましょう。

「ココロちゃんは、軽く扱われるのが大キライです。」

ココロちゃんと仲が悪い人は、誰かがあなたのココロちゃんを軽く扱うと、「やっぱり何も変わっていないんだ」と自分の意見や考え、成長などを疑ってしまいます。その結果、あなたはココロちゃんの頑張りを認められなかったり、ココロちゃんの意見には価値がないと思ったりしやすくなり、さらにココロちゃんとの仲が悪くなってしまいます。

読書やセミナー、カウンセリングなどで学びを深めても変化がないと思う人は、あなたのココロちゃんを軽く扱う人が近くにいる可能性を考えてみましょう。

あなたのココロちゃんを軽く扱う人は、あなたが思っているよりも意外と身近にいます。

「意外と」としたのは、私が今まで受けてきた1万件以上の相談において、人間関係の悩みの原因はいつも一緒に過ごしている親や友人などの身近な人に関するものだったからです。

悩みの原因になっている身近な人は優しそうに見えても、あなたの努力や学びを無効化しているので、非常に危険な存在です。

できるだけ早く距離を置くようにしましょう。

あなたのココロちゃんを軽く扱う人の特徴としては、極度な上から目線やプライベートへの過度な干渉が挙げられます。

ココロちゃんに聞いてみると「あの人のことだ」とすぐにピンッと来るでしょう。

もし、誰があなたのココロちゃんを軽く扱っているか分からない場合は、一度、身近な人の意見に反対したり、提案を断ったりして、確認してみても良いでしょう。

あなたが身近な人の意見に反対したり、提案を断った時に、彼らがあなたに対して暴言を吐いたり、陰で悪口を言ったり、無視や強制などをしてきたりした場合、あなたのココロちゃんは軽く扱われていると判断できます。

あなたのココロちゃんを軽く扱う人とかかわると、「軽く扱われるのが当然なんだ」という間違った思考がココロちゃんに刷り込まれてしまうので、「ココロちゃんは軽くない」と繰り返し声に出して言いながら、なるべく早めに対処する必要があります。

あなたのココロちゃんを軽く扱ってくる人への対処法

あなたのココロちゃんを軽く扱う人と距離を置くうえで、気をつけたいことがあります。

それは、距離を置くからといって相手の連絡先をブロックしたり、今までのあなたの気持ちをすべて相手にぶつけたりしないことです。そういったことをしてしまうと、人間関係のトラブルに発展しかねません。

そこで、実際にどのように対処すれば良いか、あるクライアントさんのお話をもとにご紹介しましょう。

【クライアントAさん（40代・女性）の事例】

Aさんは1年以上メンタルトレーニング（メントトレ）を受けて、毎週大好きな習い事に通っていました。

しかし習い事の場には、Aさんの考え方や物事の捉え方をすべて否定してくる友人Bさんがいます。

Aさんがメントトレでさまざまな考え方や物事の捉え方を学んでも、習い事でBさんと顔を合わせるたびに「その考え方違うよ」「私はあなたのためを思って言っているんだよ」などと言われ続けたため、Aさんは「Bさんとかかわりたくないな」と思っていました。

しかし、Aさんは「誰からも嫌われたくない」という気持ちが強く、「Bさんに嫌われないためには、習い事でBさんとかかわらなければならない」と思い込み、自己嫌悪に陥ったり、睡眠薬を飲まないと眠れないようになってしまい、とても苦しんでいました。

Aさんはココロちゃんを軽く扱っているのがBさんであることは分かったものの、すぐにはBさんから離れる決断できませんでした。しかし「ココロちゃんは軽くない」と言い続け、3ヶ月以上経ったある日、Bさんに支配され続けることに限界を感じ、決死の思いで離れる選択をしました。

そして、AさんはBさんに「今までいろいろと教えてくれてありがとう。けど、これからは自分を信じてやってみるね」と感謝と決意を伝え、徐々にBさんとの距離を置くようにしました。

その結果、AさんはBさんから離れることができたのです。

Aさんは今でもBさんがいる習い事を続けていますが、Bさんとかかわることで生じていたストレスは激減し、睡眠薬を飲まずに安眠できるようになりました。

。.:*・゜☆。.:*・゜☆。.:*・゜☆。.

Aさんは大好きな習い事をやめることも、さまざまな人間関係を悪くすることもなく、Bさんと距離を置くことができました。

なぜ、Aさんがすんなりと Bさんと距離を置くことができたのか、それはBさんとの関係を一刀両断しなかったからです。

つまり、あなたのココロちゃんを軽く扱う人への対処法として有効なのは、**100パーセント縁を切らずに距離を置くこと**です。

距離を置く際は、相手に体調不良や家族の事情、資格試験の勉強などの理由を伝えるなど（本当の理由でなくてもかまいません）、相手を否定するような理由を言わずに徐々に会うペースを減らしましょう。

あなたのココロちゃんを軽く扱う人と離れるのは、決して簡単ではありません。勇気と決断力が必要です。

さらに、あなたのココロちゃんを軽く扱う人たちにとって、あなたは都合の良いイエスマンで利用しやすい存在なので、簡単にはあなたと離れてくれません。

何かしら理由をつけて今までの都合の良いあなたに戻そうと手を尽くしてきます。「最近のあなたはおかしくなってしまった」「前のあなたのほうが良いって、みんな言っているよ」というのが常套句ですが、鵜呑みにしないように気をつけましょう。あなたのココロちゃんを軽く扱う人は、あなたが変化していくのが怖いだけなのです。

頑張ってあなたのココロちゃんを軽く扱う人と離れることができたら、ココロちゃんに意識を向けてみましょう。

あなたのココロちゃんを軽く扱う人が、自己嫌悪や不眠、ネガティブさの原因になっていただけでなく、彼らがあなたの思考をコントロールしていたことなどにも気づくでしょう。

　このことに気づけると、ココロちゃんの意見に耳を傾けたり、ココロちゃんと向き合うようになったり、本来のココロちゃんの状態を把握することができるのです。

「ココロちゃんは軽くない」を口癖にして、できるだけ早くあなたのココロちゃんを軽く扱う人から離れましょう。

15

「ココロちゃんは、
愛情を感じたい
と思っています。」

家族や恋人、友人などに対して、「嫌われたらどうしよう」という悩みを抱えている人がいますが、それはココロちゃんが「もっと愛されたい」と思っているからです。しかし、「愛されたい」と思うのは、「愛されていない」と思っているから生じる気持ちです。

ココロちゃんが「愛されていない」と思うと、ココロちゃんは自分のための行動より相手に愛されるための行動を優先する、つまり他人軸で生きてしまうようになります。その結果、家族や恋人、友人などに依存してしまうのです。

人間関係の基本は身近にいる家族とのかかわりで構築されているので、この依存状態から抜け出すためには、まずは家族との関係を振り返る必要があります。

家族との関係を振り返る方法は、**家族が自分に対してしてくれた愛情表現を３つ書き出す**だけです。

一見、簡単そうではありますが、誰かに対して依存状態にある人は、ココロちゃんがパニック状態になり、この方法がとても難しく感じたり、「できない」と思ったり、涙が出てきたりするでしょう。

その場合は、深呼吸をしてココロちゃんを落ち着かせてあげてください。そのうえで、ゆっくりと取り組みましょう。

家族とのかかわりを振り返ることによって、家族に愛されているということが認識できるようになると、ココロちゃんは愛情を感じることができ、だんだん他者への依存状態を解消することができるのです。

そもそも愛されている前提で考える

ココロちゃんが愛情を感じ、「愛されていない」と思わないようになるために、2つの方法をご紹介しましょう。

1. 「どうせ愛されているし」と声に出して言う
2. 立場を変えて考える

1つ目の「〝どうせ愛されているし〟と声に出して言う」は、できれば毎日3回は取り組みましょう。

どうせとつけることで、どんな自分だったとしても愛されていることをココロちゃんに理解してもらうのです。

ココロちゃんが「愛されている」と思えるようになると、言動まで変わっていきます。

2つ目の「立場を変えて考える」では、たとえば次のようなことを考えて、ノートに書き出してみましょう。質問は、あなたが当てはまるほう（お子さんがいらっしゃる方は質問A、他の方は質問B）を選んでくださいね。

質問A あなたの子どもが、とんでもないことにチャレンジすると言い出したら、あなたは賛成するでしょうか？

質問B あなたの親が、とんでもないことにチャレンジすると言い出したら、あなたは賛成するでしょうか？

どうでしょう、書き出せたでしょうか？

きっと、「反対する」と書かれたのではないでしょうか？

質問Aのように、親の立場で考えると、子どもには幸せになってほしいというのが大前提としてあります。子どもを苦しめたいわけではないものの、安定や安全などを考えて、子どものために反対するでしょう。

しかし、子どもはどうでしょうか？

子どもの立場からすると、「親に応援してほしい」「親なら分かってくれる」などといったココロちゃんの意見を踏みにじられたと思うでしょう。

また質問Bのように子どもの立場で考えると、質問Aと同じように親の安定や安全を考えてしまい、「なんで今からそんなことをするの？」「失敗したらどうするの？」などと言ってしまうでしょう。

決して、親を苦しめたいわけではありません。

親のことを思うから反対するのです。

しかし親の立場からすると、「子どもが応援してくれない」「子どもに否定される」などと思うでしょう。

このように、立場を変えると相手の意見を理解しやすくなります。

つまり、愛していないから反対するのではなく、愛しているからこそ反対することもあるのです。

あなたが依存状態を抜け出しココロちゃんに愛情を感じてもらうために、家族との関係を振り返るとともに、「どうせ愛されているし」と1日に3回は声に出して言ったり、立場を変えて相手の意見を理解したりしましょう。

愛されていることを前提として物事を考えることで愛情が溢れ出し、あなたのココロちゃんだけでなく、周りの人のココロちゃんにも愛情を感じてもらえるようになるのです。

16

「ココロちゃんは、
親からの愛情を感じたい
と思っています。」

98ページにおいて、ココロちゃんは愛情を感じたいと思っているとお話ししました。

その中でも、特に親からの愛情をココロちゃんは求めています。

ココロちゃんと仲が悪いと、「親に愛されたい」という気持ちが過剰になり、親の影響を受けすぎたり、親の意見に反対することができなかったり、「親の意見に反対すると嫌われるかもしれない」と思ってしまったりします。

その結果、ココロちゃんが純粋に「やりたい」と思っていることができないだけでなく、意見を主張することすらできなくなるのです。


クライアントさんの相談を受けていると、何度も「親が〜」と言う人がいます。

彼らは受験も就活も恋愛も、親が喜んでくれるかどうかを判断基準にしていました。

彼らのココロちゃんは親からの愛情を過剰に求めているので、親に縛られて生きており、結果としてココロちゃんの意見をないがしろにしてしまったのです。

するとココロちゃんは不満を感じ、不満が蓄積されていくことで、気づいた時には不満が親への憎悪に変わってしまっています。

最悪の場合、親と縁を切ってしまうほどの関係になりかねません。

親とは適度な距離を取る

一緒にいる時間が長かったり、血が繋がっていたり、関係性が近かったりすることから、親が私たちに与える影響はものすごく大きいものです。

しかし、あなたは、あなたです。

あなたはあなたのお母さんでもお父さんでもありません。

つまり、あくまでも親の意見は1つの見方であり、正解ではありません。

あなたがココロちゃんの意見を大切にして生きるために「私は私」を口癖にしつつ、親と適度な距離を保つことを意識してみましょう。

親との距離には、物理的な距離と精神的な距離の2つがあります。

物理的な距離とは、言葉のとおりです。

親と一緒に住んでいるなどで長い時間を一緒に過ごしていたりすると、つい言い合いになってしまいませんか？

原因は、あなたと親との物理的な距離が近いため、価値観の相違を目の当たりにする機会が多かったり、親による過度な干渉を受けたりするからです。

親とあなたは同じ人ではないため、親があなたのことを100パーセント理解することはできません。

たとえば1人暮らしをすると親との物理的な距離が取れるので、親との価値観の相違点が見えなくなったり、親からの過度な干渉を防いだりすることができます。

もし金銭的に1人暮らしが難しい場合は、旅行するなど短い時間でもいいので親と物理的な距離を取ってみましょう。

精神的な距離とは、依存状態のことです。

ココロちゃんと仲が悪いと親からの愛情を過剰に感じたいがために、親の意見を重視してしまい、物事を自分で決めることができません。そのため、親に「明日、新しくできたパン屋に行こうと思っている」「バックを買おうと思っている」と言い、「いいね！」と背中を押してもらうのを待ってしまいます。

つまり、親との精神的な距離が近く、親に依存しているのです。

親と精神的な距離を取るためには、親に相談せず、自分で物事を決めることが大切です。

親に賛成されてから行動するのではなく、まずは行動をして、それから事後報告をしましょう。

たとえ親が賛成してくれなくてココロちゃんが親からの愛情を感じられないと思っても、ココロちゃんが「やりたい」「欲しい」と思っていることには取り組んだり、手に入れたりするべきです。

私がメンタルトレーナーになろうと決めた時、確実に反対されると思ったので、スタートしてから軌道に乗るまでは親に相談しませんでした。

事前に相談をして「経験を積んでからにしたら？」「収入はどうするの？」などと親に言われていたら、メンタルトレーナーになるのを諦めて転職活動をしていたでしょう。

ココロちゃんと仲が悪いと、ココロちゃんが親からの愛情を過剰に求めるため、親と物理的および精神的に適度な距離を取ることで最初は不安を感じるかもしれません。

しかし、確実にココロちゃんの意見を大切することができます。

そして自分の人生を歩めるようになるのです。

「ココロちゃんは、自分には価値があると思っています。」

ココロちゃんと仲が悪い人は、「ココロちゃんには価値がない」と思いやすく、ありのままのココロちゃんを認めることができません。

ココロちゃんに「価値がある」と思っているのか、「価値がない」と思っているのかで、人生は180度変わります。

なぜなら、言葉や思考、行動など、あなたのすべてに影響を与えるからです。

価値があると思う人と価値がないと思う人の違い

ココロちゃんに対して、「価値がある」「価値がない」と思っていることで、次のように変わります。

たとえば、意見を求められた時、それぞれ次のように考えます。

・価値があると思う人　「○○と△△を伝えよう」
・価値がないと思う人　「私の意見なんて役に立たない」

欲しいものがあった時は、それぞれ次のように考えます。
・価値があると思う人「自分にふさわしい。気分も上がるから購入しよう」
・価値がないと思う人「自分にはもったいない。我慢しよう」

ココロちゃんには価値がないと思ってしまうと、ココロちゃんに制限をかけて物事を考えたり、自分の思考や発言を外には出さず内に閉じ込めたりしてしまうのです。

私が「ココロちゃんには価値がない」と思っていた時、他人に意見を求められても「自分の意見を主張してもどうせ意味がないだろう」と思い込み、意見を言わずに飲み込んでいました。遠慮や我慢ばかりしていて常に自分にブレーキをかけていたのです。

今は「ココロちゃんには価値がある」と思っているので、何事にもアクセルを踏み、飛び込みます。うまくいくことに越したことはありませんが、うまくいかなくてもココロちゃんに価値がないわけではないですし、うまくいかないことは改善してうまくいくようにすれば良いので、別にうまくいかなくても良いと思っています。

もし、あなたがココロちゃんに価値がないと思ってしまうのなら、3回「**ココロちゃんには価値がある**」と声に出して言ってみましょう。

実際に声に出して言うことで、「ココロちゃんには価値がある」ということを、あなたに刷り込んでいくのです。

ココロちゃんに価値がない人はいない

突然ですが、質問です。

質問 ココロちゃんに価値があるとしたら、何をしてみたいですか？

※あなたが今、どんな状況・状態でも関係ありません。

「ココロちゃんには価値がある」という考えのもと、自由な発想で制限なく考えてみましょう。「どうせ無理だから」と発想を闇に葬ってしまわずに、まずは考えてみるのです。

そして、思いついた〝したいこと〟を実行しましょう。

実行した時に感じた自分の気持ちがたとえネガティブなものであっても否定せず、ただ味わってみてください。

なぜなら、そのネガティブな気持ちにはあなたの課題や思い込み、気づきが含まれている可能性が高いからです。

たとえ今の自分が「ココロちゃんには100パーセント価値がある！」と思えなくても、「ちょっとかもしれないけれど、ココロちゃんには価値がある」というふうに考えて、できそうなことをやってみましょう。

私は「ココロちゃんに価値があるとしたら、何をしてみたいですか？」の質問に対して、1人で映画を観に行くことを思いつき、実行に移しました。

それまでは1人で映画に行くことに対して、「恥ずかしい」「友人がいなそうだと周りの人に思われる」と思い込んでいたのです。

はじめて1人で映画を観に行った時は、周りの目が怖く、真ん中の座席は恥ずかしいうえに、自分なんかが座ってもいいものなのかと遠慮して、端の席でなるべく目立たないようにしました。

しかし実際に1人で映画を観に行ってみると、1人の人が意外と多いことや映画がはじまってしまえば作品に集中しているので周りの目は関係ないことなどに気づき、「誰も僕のことなんて気にしていないや」と思い込みを払拭することができたのです。

ココロちゃんに価値がない人なんていません。

たとえ結婚破棄されても、精神的に病んでいても、留年をしていても、無職でも、いじめられていても、**ココロちゃんに価値がない人なんていない**のです。

ココロちゃんは、あなたが思っているより100倍も魅力的で価値があります。ココロちゃんのことを過小評価しないようにしましょう。

「ココロちゃんには価値がある」を口癖にして、「ココロちゃんに価値があるとしたら何をするか」を考えて実行することで、たとえ全くココロちゃんには価値がないと思っていたとしても、少しずつですが「ココロちゃんには価値があるのかも？」と意識がアップデートされ、疑わなくなっていくのです。

18

ココロちゃんは、「お互いに認め合える関係」を求めています。

人間関係について考えた時、自分と他者とのかかわりばかりに目がいきがちですが、自分対自分つまり、あなたとココロちゃんとの関係にも焦点を当ててみましょう。

あなたはチャレンジする時に、「いいね！　やってみなよ！」とココロちゃんの背中を押せますか？

また、あなたの背中を押してくれる人はいますか？

もしも今、ココロちゃんの背中を押せていなかったり、あなたの背中を押してくれる人がいなかったりした場合は、まずはあなたがココロちゃんの応援団長として常に「フレーフレーココロちゃん！」と応援しましょう。

たとえ失敗しても、「こうすると失敗することに気づいたね！」「チャレンジしないと失敗できないよ！」などというふうにココロちゃんにエールを送ってみましょう。

すると、ココロちゃんとの間に、お互いに認め合える関係が構築されます。

お互いに認め合える関係とは、普段の会話において悪口や噂話、誹謗中傷といったネガティブな話をせず、お互いや周りの人を前向きに応援できる関係のことです。

ココロちゃんとお互いに認め合える関係になり、ココロちゃんを前向きに応援できるようになると、自然と周りの人との会話も前向きな内容へと変わっていきます。

次は周りの人と、お互いに認め合える関係を構築していきましょう。

肯定的な人の周りには肯定的な人が集まる

ココロちゃんと仲が良い人はココロちゃんを前向きに応援できており、普段から何事に対しても肯定的で、同じ肯定的な人とのかかわりを求めています。

なぜなら、今までの人生でたくさん傷ついてきたからです。

ココロちゃんを前向きに応援して新しいことにチャレンジすると、必ずと言っていいほど周りから批判や悪口、誹謗中傷を受けます。

批判や悪口、誹謗中傷を受けると、ココロちゃんが苦しんだり、涙を流したり、折れたり、押しつぶされたりと大きなダメージを受けますし、チャレンジするのをやめてしまう場合もあります。

このように、肯定的な人は批判や悪口、誹謗中傷を受ける側を経験し、そのつらさを知っているので、肯定的な人とかかわることを求めたり、「自分がやられて嫌なことは絶対に他の人にはしない」と心がけたりするようになり、周りの人に対しても「フレーフレー！」と応援するようになっていくのです。

ココロちゃんとお互いに認め合える関係が構築できると、必然と積極的に新しいことにチャレンジするようになります。

そのことで批判や悪口、誹謗中傷を受けるかもしれませんが、その一方で周りの人とお互いに認め合える関係が構築できたり、肯定的な人たちが周りに集まってきたりします。

肯定的な人たちと交流することで、「その悩みは私も1年前に経験したよ」「こうするとチャレンジしやすくなるよ」など、あなたの悩みや挫折などの解決に繋がるのです。

もしも今、あなたがココロちゃんを応援できていなければ、今すぐ学ランとはちまきを用意して、ココロちゃんの応援団長に変身してみましょう。

19

「ココロちゃんは、
褒められることが大好き
です。」

突然ですが、質問です。

質問 あなたは褒められた時、どんな反応をするでしょうか？

多くの人は、「いやいや、そんなことないですよ」と答えるでしょう。

この答え方には謙虚な場合と卑屈な場合があり、２つは全く異なります。

謙虚は、相手のことを引き立てるために自分を控えめにすることです。

一方、卑屈は相手がどうであろうと「自分なんて……」と常に自分を下に下に位置づけています。そのため、全力で褒められたことを否定することも珍しくありません。

これではせっかく褒めてもらえたのに、褒め言葉を受け流してしまっているので、ココロちゃんは喜べません。

褒め言葉への返事を決めておく

私は今まで1万件以上の悩みに向き合う際、相手を褒めた時の反応を観察・分析したところ明確な違いがありました。

ココロちゃんと仲が悪い人は「いやいや……」と卑屈になり、ココロちゃんと仲が良い人は「ありがとうございます。嬉しいです」と相手に感謝やお礼を伝えていたのです。

つまり、褒め言葉を受け取った際ココロちゃんに喜んでもらうためには、相手に感謝やお礼を伝え、褒められている事実を受け止めることが大切です。

そこで、褒められた時にどのように反応するのかを事前に決めておきましょう。

理想は「ありがとうございます！」ですが、ハードルがやや高い場合は**「おかげさまで」**がオススメです。

「おかげさまで」は、褒め言葉をきちんと受け取りながら、相手に感謝を伝えられる万能で使い勝手のいい言葉です。

実際に、褒められると卑屈になってしまうクライアントさんに、「褒められたら〝おかげさまで〟と条件反射で言えるようになりましょう」とアドバイスしたところ、褒め言葉を受け取ることができたうえ、相手に感謝を伝えられたので、クライアントさんのココロちゃんが喜んでくれるようになりました。

また、ココロちゃんが褒め言葉を受け取ると、あなたは顔が赤くなったり、照れたり、笑顔になったりします。

顔が赤くなったりすると恥ずかしいと思う人もいますが、これはいい兆候です。

「いやいやいや」と否定せず、「おかげさまで」と言ってココロちゃんが褒め言葉をスーッと受け取れるようにしましょう。

褒めてくれた相手に「おかげさまで」と言うことで、あなたのココロちゃんが喜ぶだけでなく、相手のココロちゃんも感謝を受け取って喜びます。その結果、お互いに嬉しい気持ちになるのです。

Part 3

道具、持ち物

「ココロちゃんは、自分に正直でいたいと思っています。」

商品を購入したり、サービスを受けたりする時、「これが欲しい！」「これをしたい！」などと思っていても、値段を理由に諦めてしまったことはありませんか？

このような経験が数回であれば良いのですが、お金の不安を抱えて節約することに注力した結果、すべての判断基準が〝値段〟になってしまっている人がいます。


私は奨学金を借りていたので、学生の頃から少しでも多くお金を貯金して、将来の不安をなくそうと考えていました。アルバイトをすることはもちろんですが、なるべく食費を節約するためにバイトが終わってから閉店間際のスーパーに寄り、半額のお惣菜やお弁当などを購入していました。

そんなある日、自分が本当に食べたいと思った商品が定価だと、それを我慢して悩むことなく、買わない選択をしていることに気づきました。半額や割引に慣れてしまい、定価の商品が購入できなくなっていたのです。さらに、無意識に割引のシールがついたものの中だけで選んでいました。

つまり、ココロちゃんの「これが食べたい」を無視して、安いかどうかの〝値段〟を判断基準にして選んでいたのです。

ココロちゃんの「欲しい」をキャッチする

ココロちゃんが自分に正直でいられるようにするには、あなたが物事を決める時の判断基準を〝値段〟ではなく、〝欲しいかどうか〟にしましょう。

これは、決して安いものを否定しているわけではありません。

欲しいものの値段が安いのはいいのですが、ココロちゃんの〝欲しい〟を見て見ぬ振りしてまで安いものを選んではいけないということです。

特に、普段の生活で使うものにはより意識を向ける必要があります。

なぜなら、値段基準で選んだ場合、その商品を使うたびに「本当は欲しいものがあったけど、高かったから」「やっぱりあっちを選んでおけばよかった」などとココロちゃんが妥協や後悔を抱えてしまうからです。

突然ですが、質問です。

まずは、あなたの部屋を見渡してみてください。

質問1 〝値段〟を判断基準にして選んだものはありますか？

質問2 質問1で答えたものは、大切にできていますか？

おそらく、あなたが〝値段〟を基準にして選んだものは、雑に置かれているのではないでしょうか。

安いから購入した靴は踵を踏んでしまったり、安いから購入した服はタンスの奥底で眠っていたり……。

このように愛着も思い入れもなく、「どうせ安かったから」という気持ちで軽く扱っているかもしれません。

ココロちゃんが自分に正直でいられるように、判断基準を〝欲しいかどうか〟にしてお金を使いましょう。

そうすることで、自分で物事を判断する感覚も養うことができます。

21

「ココロちゃんは、
他人より尊重されたい
と思っています。」

ココロちゃんと仲が悪い人はココロちゃんを尊重しないため、自分に対してお金を使うことに苦手意識を持っています。

一方、自分以外の家族や友人のココロちゃんのことは尊重しているので、惜しみなくお金を使うことができます。

ココロちゃんを尊重するためには、**自分にお金を投資すること**を意識しましょう。お金を使うことが苦手な人は、お金を使うことに対してお金が消費されて消えていくイメージがあるのではないでしょうか？

「お金を投資する」と考えることで、お金を使ってもお金が蓄積されていくイメージに変わり、未来の自分に期待している気持ちが出てきます。

どんな気持ちでお金を投資するのか

ただ単に、自分にお金を投資すればいいわけではありません。

自分にお金を投資する方法によって、ココロちゃんの受け取り方が変わるからです。

自分にお金をたくさん投資しているからといって、必ずしもココロちゃんが喜んでいるかというと、そんなことはありません。

あなたが「周りの人にバカにされたくない」「友人にちやほやされたい」など、嫉妬や焦り、優越感といったココロちゃんのネガティブな気持ちを満足させるためにお金を投資すると、一時的にはココロちゃんが満足するかもしれません。

しかし完全に満足することはないため、何度も何度もお金を投資する負のスパイラルにハマってしまうことになります。

これでは、いつまで経ってもココロちゃんは喜んでくれません。


嫉妬や焦り、優越感が生じる原因は、周りと自分を比べることです。

せっかく自分にお金を投資しても周りと比べること自体をやめなければ、比べている対象をコロコロと変えながら、いつまで経ってもココロちゃんのネガティブな気持ちを完全に満足させることはできないのです。

ココロちゃんに喜んでもらうためには、自分がワクワクしたり、自分の成長や自分への労り、自分が笑顔になれるなどと感じたりすることにお金を投資しましょう。

自分にお金を投資すると視野が広がる

私は自分にお金を投資しようと思った時、「本当に自分にお金を使ってもいいんだよね？」と不安になり、誰かに「いいんだよ」と背中を押してもらいたくなりました。

このような時は、ココロちゃんに「いいんだよ」と伝えて実行することが大切です。

クライアントさんの中には、自分に投資して５００円の歯ブラシを使うようになったところ、自分の価値が上がった気がして、新しいことにチャレンジする意欲が湧いた人がいます。

その後、彼は１人映画や１人旅、１人山登りと、次々に彼のココロちゃんがしたいことに投資できるようになりました。

あなたが働いて稼いだお金を何に使おうがあなたの勝手です。

あなたのお金の使い道は、他人にどうこう言われることではありません。

もっと、あなたの〝好き〟にお金を使いましょう。

22

「ココロちゃんは、
常にアップデートしたい
と思っています。」

外見はココロちゃんのいちばん外側の部分、つまりココロちゃんの一部です。

そのため、ココロちゃんをアップデートする方法としてすぐにできるのは、今持っている服を変えて外見を整えることです。

ココロちゃんの内側のアップデートを実感するのは時間がかかりますが、外見からのアプローチは一目で分かり、即効性があります。

さらに外見をアップデートすることで、ココロちゃんのテンションやモチベーションが上がったり、行動できたことで達成感を味わえたりするので、結果として内側もアップデートできるのです。

ココロちゃんと仲が良い人は、服は消耗品だと割り切っているので、消耗具合に応じて服を処分したり、新しい服を購入したりします。

一方、ココロちゃんと仲が悪い人は、服の処分や新しい服の購入を躊躇します。

彼らが躊躇する理由には、面倒くさいや無頓着などもありますが、それだけではありません。

彼らのココロちゃんには、服を処分すべきか決められない優柔不断さや過去を引きずる執着心、「新しい服を購入して失敗したくない」など新しいものを取り入れることへの恐れなどが潜んでいます。

私は色あせたり、伸びていたり、穴が開いていたりしたにもかかわらず、学生時代に野球部で使っていたスポーツウェアを着続けていました。

なぜなら、「まだ着ることができるから」「野球を頑張っていた時のウェアだから」など、服を処分する決断をすることから逃げ、過去を引きずっていたからです。

意識して外見をアップデートする

外見をアップデートする目的は、ココロちゃんを優柔不断さや執着心から解放することと、新しいものを取り入れられるようになることの2つです。

そこで外見をアップデートするために、古い服や傷んでいる服などを処分して、新しい服を購入しましょう。

まずは、5年以上着ている服や色あせている服、サイズが合っていない服、穴が開いている服、着ないであろう服などを思い切って処分してしまうのです。

たとえ、新しい服でも、綺麗な服でも、高い服でも、ココロちゃんが「着たい！」と思わない服であれば、一緒に処分してしまいましょう。

次に、ココロちゃんが「着たい！」と思える服を購入しましょう。

流行の服でなくても、「自分には派手かな？」「似合わないかも」などと思っても、ココロちゃんの意見を聞いて購入しましょう。

手持ちの服とのバランスを考え、1着でも良いので新しい服を購入しましょう。

なお、ストレスを発散するために、手当たり次第に服を処分したり、購入したりする人もいらっしゃいます。

彼らはココロちゃんの「着たい！」という意見を無視している場合がありますので、処分する際も、購入する際も、1着ずつココロちゃんに見せて、「これは着たい？」などと意見を聞いてから処分または購入することを心がけましょう。

23

「ココロちゃんには、**揺るぎない支え**が必要です。」

子どものうちは、道を間違えないようにいろいろな人がサポートしてくれます。

しかし大人になると、どんなふうに生きるかは自分次第――。

「こうすると人生楽しめるよ」と教えてくれる人は残念ながらいません。生き方には正解も不正解もなく、どんな人生を生きていくかは個人の自由です。

しかし、自由だと選択肢が多すぎるため選ぶことが難しくなります。

そのため、ココロちゃんには揺るぎない支えが必要であり、その支えとなるのが人生の教科書です。

人生の教科書とは、これから自分が生きていく指針にする本のことを言います。

現在100回は読み込んでいる本、あるいはこれから100回以上読み込んでいきたい本を人生の教科書として1冊用意しましょう。

人生の教科書があれば、どんな壁にぶつかっても「この本からヒントを得よう」と考えることができるのです。

このように本に立ち返るクセをつけておくと、できない原因よりも改善策のほうに意識が向くので、ココロちゃんが折れてしまうことはありません。

私は今まで1万冊以上の本に支えられてきましたが、その中でも「この本!」と思う1冊の本があります。

本に書かれている内容も言葉も変わりませんが、自分の経験の量が増えたり、質が高まるにつれ、内容や言葉の受け取り方や気づきが変わっていくのです。

本を読むことで人生は切り拓ける

「本を読むことで、人生を切り拓いていけます」と言うと、「本当に? 信じられない」と言われる方もいらっしゃいますが、安心してください。私も読書をスタートした時、同じように半信半疑でした。


本には、偉大な人や成功している人、歴史上の人物の知恵が詰まっています。

すでに逝去(せいきょ)されている人には相談することができませんし、彼らに相談できたとしても、30分でも0が何個つくか分からないくらい高額な料金がかかることでしょう。

しかし、本は数千円で購入できます。たったそれだけの金額で、彼らの知恵を教えてもらえることができるのです。

人生の教科書として「この本！」という1冊を用意したら、その知恵のエッセンスをすべて吸収するように、可能な限り毎日読み込んでいきます。毎日どんなに忙しくても1ページ、いえ1行でもいいので読み進めていきましょう。

貪欲に読み込むことで、著者の考え方をココロちゃんにインストールしていくのです。自分の経験だけで考えるよりも、人生の先輩かつその分野で結果を出している人にアドバイスをもらい、それらをベースに行動していきましょう。

つまり、人生の教科書を読み込み、書かれていることを「自分に当てはめるとどのように活かせるか」を考えて、実際に動いていくのです。

たとえば、ココロちゃんと仲が悪くて悩んでいたクライアントさんは、「自分と同じように悩んでいる人の力になりたい」とカウンセラーを目指すことに決めました。そこで拙書『嫌いな人がいる人へ』（KADOKAWA）を人生の教科書に定め、毎日読書をしながらメントレを受け続け、今はカウンセラーとして活動しています。

読むだけではなく自分に落とし込む

本を読む時に知識を詰め込むことも大切ですが、その知識をどのように活かすかを考えることのほうが、１００倍重要です。

知識が活きるのは、行動している時です。机の上ではありません。

本に書かれていることを可能な限り毎日読み込むのと同時に、それを自分にどう活かすかに焦点を当てましょう。

たとえば、ある本に「願望を声に出すことで願望と自分を信じられるようになる」という内容が書かれていました。

しかし、「声に出すことが自分を変えるうえで重要」という知識を得ても、実際にやってみないことには効果は発揮されません。

人生の教科書から学んだことは、実際に行動して効果を確かめましょう。

次に「どんな言葉を声に出して言うのか」「メントレで取り入れるにはどうしたらいいのか」など自分に活かす方法を考えます。

知識を得て考えたうえで、実際にメントレで声に出すトレーニングを取り入れたところ、クライアントさんの習慣にすることは難しいという壁にぶつかりました。そこで彼らが挫折しない仕組みを作るための方法を模索し、声に出すトレーニングを習慣化することができるようになりました。

知識は使うことが重要です。

本に書かれている知識はそのまま使えることも多いですが、「この知識をどのように自分は活かそうか」と変換が必要なことも少なくありません。

変換する際は、考えを巡らせる必要があります。考えを巡らせれば巡らせるほど、ココロちゃんに落とし込まれていくのです。

なお本書の最後に、私が今まで読んできた1万冊以上の本の中から、オススメの100冊をピックアップしました。〝ココロちゃんの本棚〟と称して掲載していますので、ご興味のある方はぜひご覧ください。

24

「ココロちゃんは、方向音痴です。」

突然ですが、質問です。

質問1 あなたには、将来の夢がありますか？

質問2 あなたには、なりたい理想像がありますか？

クライアントさんにこの2つの質問をすると、多くの人から「夢なんてありません」「理想像なんて考えたこともありません」といった答えが返ってきます。

さて、あなたはどうでしたか？

多くのクライアントさんと同じだったでしょうか？

ココロちゃんは方向音痴なので、夢や理想像を抱いていたとしても、「どうやってそこまで行けば良いのか」「そもそも今、自分がいる場所がどこなのか」も分かりません。

そのため、まずはココロちゃんに現在地を把握してもらって、そのうえで目的地を設定し、目的地に着くためにはどのような方法や手段があるのかを考えましょう。

目的地が分かったからといって、ただがむしゃらに進めばいいわけではありません。地図やコンパス、道標を確認しながら、軌道修正をし続けながら進んで行くのです。もしも道を間違えていたら、再び現在地を確認し、正しい道を進みましょう。

ココロちゃんの地図とコンパスと道標

目的地に向かって進むために、地図やコンパス、道標を確認する必要があるとお話ししました。

地図は現在地から目的地までの距離や位置関係を知るためのもの、コンパスは目的地の方角を示すもの、道標は目的地までの道順を示すものです。

地図がなくては、目的地までの距離も現在地との位置関係も何も分からないため、まずは地図をゲットしましょう。

そして、実際に目的地へと進むために、次はコンパス、その次は道標と1つずつゲットしていくのです。

地図をゲットするためには、ココロちゃんと向き合い、ココロちゃんの抱いている夢や理想像を明確にしましょう。

「ハワイに行きたい」「1日中、寝ていたい」「通訳になりたい」「○○みたいになりたい」など、ココロちゃんの夢や理想像が分かったら、次はコンパスを探しに行きます。

コンパスは、ココロちゃんの抱いている夢を叶えている人や理想像に近い人（理想の人）が持っているので、彼らを探して見つけたら、彼らからコンパスを受け取りましょう。

コンパスは理想の人の書籍やブログ、動画、SNSなどを通じて受け取ることができます。

たとえば、理想の人が「毎日、読書をする」「1日1回は英語を話す」「自分の好きなことをするために勉強する」などと発信していたら、そのコンパスを受け取って自分の生活にも取り入れてみましょう。

ただし、現在地と目的地がかなりかけ離れていると、コンパスはあなたが向いている方向と真反対を指し示すこともあります。

その時は、ココロちゃんにかかる負担が大きくなってしまうので、理想の人が実践していることをあなたが実行できるサイズに調整したり、回数を減らしたりして、少しずつ進むようにしましょう。

最後に道標です。

道標は、コンパスで示された方向へ1歩ずつ進むことで見つけることができます。

コンパス自体は1つですが、コンパスが指し示す方向は、ココロちゃんの現在地によって常に変わり続けます。

コンパスが指し示した方向を疑ったり、「なぜ、こっちを指すのだろう？」などと考えていたら目的地はおろか、道標にもたどり着けません。

目的地にたどり着くために最も大切なのは、**素直さ**です。

コンパスが指し示した方向へ、すぐに移動しましょう。

「時間は有限」なので、モタモタしている暇はありません。

悩むより、1歩でも前へ進むのです。

なるべく早く目的地に到達するために、コンパスを信じて進みましょう。

コンパスを使いながら理想の人が道に残した足跡をたどり、その足跡にあなたの足跡を重ね合わせることで目的地への道は切り拓かれるのです。

理想の人の足跡は、彼らが出会った人や、くぐり抜けてきた修羅場、積み重ねてきた努力などの中に隠れています。

理想の人の書籍やブログ、動画、SNSなどから彼らの足跡を探し出し、彼らの思考と行動をなぞり、あなたのココロちゃんが目的地に着くまでのエネルギーに変換していきましょう。

もちろん、途中で目的地が変わったり、目的地までの道がなくなったりすることもあります。その時は、ココロちゃんと向き合い、相談します。

そしてその都度、地図とコンパスと道標をゲットして、目的地へ1歩1歩進んでいきましょう。

「ココロちゃんは、
常にご機嫌でいたい
と思っています。」

特に何もしていないと、ココロちゃんの機嫌はＭＡＸ１００のうち50の状態です。

50の状態からどんどん機嫌を良くしていくためには、ココロちゃんのテンションが上がるものを身につけましょう。

たとえば、お気に入りのアクセサリーや時計、ネイル、ぬいぐるみなど、人それぞれです。

あなたが触れるものはココロちゃんをご機嫌にしていますか？

実際に、あなたが普段使っているものについて考えてみましょう。

服や靴、時計、カバン、寝具など、あなたが普段使っているものは、あなたのテンションを上げてくれますか？

以前、私はスポーツジムに通っていたのですが、判を押したような三日坊主でした。

しかし、あることをしてからジムに通うことを習慣にできました。

それは、お気に入りのブランドであるＯＡＫＬＥＹ（オークリー）のスポーツウェアを着ること。

ＯＡＫＬＥＹのウェアを着るようになってから、「運動するためにジムに行くよりも、ＯＡＫＬＥＹのウェアを着たいからジムに行く」という動機に変わったのです。動機は不純かもしれませんが、習慣化できればそれでもいいのです。

他にも、ココロちゃんをご機嫌にするために、お気に入りのカバンや電動歯ブラシ、オーダーメイド枕、ワイシャツなどを使っています。

意識したいのは、日常生活で使うものです。

たまに使うものよりも、普段の生活で使うものを変えることで、日常的にココロちゃんをご機嫌にすることができるのです。

あなたが日常においてワクワクした気持ちを感じられないようであれば、まずはテンションが上がるものを１つ購入しましょう。

ココロちゃんはご機嫌になると、今以上にご機嫌になろうとして、テンションが上がるものに反応するアンテナが敏感になります。

アンテナが敏感になると、他のテンションが上がるものの情報をキャッチしやすくなったり、引き寄せたりするので、次第にテンションが上がるものに囲まれるようになっていくのです。

さらに、大本命にも出会いやすくなります。

ココロちゃんを大本命のもので囲む

大本命とは、テンションを上げるものの中のごくごく一部、全体の1パーセントくらいのもので、あなたにとって代わりがきかないものです。

大本命が分からない場合は、使うと興奮するものや考えていると時間があっという間に過ぎるものなど、あなたが夢中になっているものを考えてみましょう。

それらは、大本命で間違いありません。

私がココロちゃんをご機嫌にするために、少しずつ持ち物をテンションが上がるものに変えていた時、ビビット来たものに出会いました。

それは、ノートパソコンのＭａｃＢｏｏｋでした。

一文字、一文字打ち込んでいくだけでも快感なので、タイピングしているのが楽しくて仕方がありませんでした。

私はずっとスマホでブログを書いていたのですが、何も書くことがなかったり、面倒になって書かなかったりという理由から、4回以上もブログをやめては再開するを繰り返していました。

しかし大本命を手に入れてからは、ＭａｃＢｏｏｋを使いたいからブログを書くという理由に変わり、作家を気取って文字を打ち込み続けて１００日分のブログ記事を前倒しで書いてしまうほど熱中したのです。

大本命に囲まれると、ココロちゃんのご機嫌がＭＡＸを超えて、エネルギーが溢れ出してきます。

あなたの部屋に大本命はありますか？

今、大本命として浮かぶものは何でしょうか？

まずは、思い浮かんだ大本命を手に入れてみましょう。

あなたの持ち物の99パーセントをテンションが上がるものにして、普段からココロちゃんをご機嫌にするとともに、大本命に出会える機会を増やし、少しずつでもいいので大本命でココロちゃんを囲んであげましょう。

26

「ココロちゃんは、
流行っているものに興味
を持っています。」

ココロちゃんは、人気のものや流行っているものを知るとブームに乗りたくなります。「ブームに流されたくない」と言う人もいますが、**意識的に流されても良いというくらいの柔軟さでココロちゃんの意見を受け止めましょう。**

ブームはゲリラ豪雨のように、やって来てはすぐどこかに行ってしまうものもあります。ビビッと来ている時に、ブームに乗れるように段取りをつけてみましょう。

ブームに乗ると人間関係が良くなる

人気のアニメやドラマ、スポーツ、飲み物など、ブームは多くの人が知っているので、会話をする時に共通の話題となりがちです。

人は、共通点があると仲良くなります。

たとえば、はじめて会った人同士でも、地元や好きなアニメなどが同じだと分かると一気に親近感が湧き、打ち解けやすくなります。

共通点は、相手のココロちゃんと触れ合うためのパスポートです。

パスポートを持たずに相手のココロちゃんに近づこうとすると警戒されてしまいます。

しかしパスポートを手に入れるために、相手に合わせて話のネタを仕入れようとすると、多岐に渡るジャンルの情報を収集するのが大変です。

だからこそパスポートを手に入れるための方法として、共通の話題になりやすいブームに乗ることがオススメなのです。

さらにブームについて耳にしたら、その内容を調べて深堀りしたり、実際に経験したりすることで、コミュニケーションをより円滑にすることができます。

私の場合、クライアントさんとの会話の中でブームについて耳にしたら、その数日内にブームについて調べたり、経験したりして理解を深めます。次にクライアントさんと連絡を取ったり、会ったりする際には、ブームの内容や経験を報告するのです。

すると、彼らは「え、もうやってみたんですか！」「○○の何が好きですか？」「▲▲さんも、これが好きなんですよ」など、とても喜んでブームの話をしてくれます。

「自分はこんな人だ」と決めつけて殻に閉じこもってしまわないように、ココロちゃんの意見に耳を傾けて、とりあえず一度ブームに乗ってみましょう。

Part 4

習慣

27

「ココロちゃんは、綺麗好きです。」

ココロちゃんは何事においても、ごちゃごちゃしているのを嫌います。
なぜなら、ごちゃごちゃしていると集中力が散漫になり、思考が停止するからです。
たとえば机の上に関係のないものが置かれていると、意識が分散されてしまうのです。

「私は全く集中力がなくて、意思が弱いんです」とクライアントさんから相談を受けることがありますが、これは意思の強さの問題ではありません。

私が「部屋や机の上は綺麗ですか？」と聞くと、「最近、全く掃除をしていなくて……」「机の上は、いらないものでごちゃごちゃしています」などと答える人がほとんどです。机の上にものがあったら、集中できなくて当然です。

ダイエットをしている時に家にお菓子が置いてあったとしたら、我慢できずについつい手を伸ばしてしまいますよね。お菓子と机の上は同じです。

家にお菓子があったら食べてしまいますし、机の上にものがあったら集中力は分散してしまうのです。

ダイエットを成功させるにはお菓子をそもそも買わないこと、集中するには机の上にものを置かないことが大切なのです。

ココロちゃんの強敵はスマホ

特に集中力の天敵は、スマホです。

近くにスマホがあると通知音や振動によって意識が分散してしまいますし、スマホの通知音が鳴っていないのにスマホを触ってしまう依存気味の人もいます。

スマホは高画質の写真が撮れたり、SNSで瞬時に連絡を取ることができたりと便利な一方、集中力を奪われることが多くなっているのです。

ココロちゃんと向き合い、ココロちゃんのやりたいことを優先するためには、時間と集中力が必要不可欠です。

スマホの使い方を考えることは、ココロちゃんと向き合うことに繋がります。

スマホに集中力を奪われないためには、電源をオフにしたり、機内モードにしたり、スマホを遠くに置いたりすることが有効です。

全く使っていないアプリや今後も使わないであろうアプリなどの不要なアプリは削

除して、アプリの通知をオフにしましょう。

私は使っていないアプリや使うと時間が奪われてしまうアプリを削除し、その他のアプリの通知はオフにしました。

その結果、体内時計に2時間以上のズレが生じたのです。

さらに、スマホを触っている時間が設定を変える前までの半分になりました。

スマホを常に身近に置いていないと落ち着かない人がいます。

あなたは、ココロちゃんよりも、スマホを大切にしていませんか？

スマホばかりに意識が向いていると、ココロちゃんが嫉妬してしまいますよ。

見えない場所にスマホを置いて、意識が分散しないようにしましょう。

机の上がごちゃごちゃしていたり、スマホに依存気味の人はココロちゃんと仲が悪いので、ココロちゃんが焦りや不安で溢れているのです。

まずは机の上を片付けて、スマホ内の不要なアプリを削除してみましょう。

28

「ココロちゃんは、
常に笑っていたい
と思っています。」

ココロちゃんと仲が悪い人は普段から表情が硬かったり、無表情だったりする場合が多く、他者から誤解されやすい傾向があります。

表情によってあらぬ誤解を招かないために、まずは机の上に鏡を置きっぱなしにして、普段のあなたがどんな表情をしているのかを適宜確認しましょう。

私たちは自分の背中を直接見ることができないように、表情も直接見ることができません。周りの人から「表情が怖いよ」と言われても、実際に自分がどのような表情をしているのかが分からないので自覚することが難しいのです。

そこで、仕事や勉強をする机の上に鏡を置きっぱなしにして、休憩中やふとしたタイミングで鏡を覗いて自分がどんな表情をしているのか、次の2つの点に注目して確認しましょう。

・表情はポジティブ？　ネガティブ？
・友達になりたいと思える表情？

もし、自分の表情を確認した際、ネガティブな表情や友達になりたいと思えない表情をしていたら、「笑顔、笑顔」と唱えて口角を上げてみましょう。

口角を上げるだけでも表情は和らぎ、ココロちゃんは笑ってくれるのです。


さらに、鏡を使って表情を改善したあとは、姿勢やしぐさに意識を向けてみましょう。

相手に誤解されないためには、表情だけではなく、姿勢やしぐさまでトータルの改善が必要です。


あなたが相手の話を真剣な顔で真面目に聞いていたとしても、メモを取らなかったり、相槌(あいづち)を打ったりしていないと、相手が「退屈なのかな?」「興味がないのかな?」などという誤解を生じさせている可能性があります。

それでなくても真剣な表情は客観的に見ると、怖かったり、無表情だったりするため誤解を招きやすいので意識しましょう。

笑顔は連鎖する

クライアントさんは、メントレの時に私がたくさん笑うので積極的に自己開示してくれます。

人は相手が笑顔だったり、笑っていたりすると、自分のことを受け入れてもらえているんだと思えて、自然と緊張がほぐれ、雄弁になるのです。

表情が豊かではないクライアントさんには基本的に笑顔を心がけてもらい、意識してお笑い動画を見てもらいます。お笑い動画を継続的に見ていると、自然と笑えるようになるためです。

笑顔は笑顔を呼び、連鎖していきます。

自分の表情を意識的にチェックして、口角を上げて笑顔の連鎖を広げていきましょう。

29

「ココロちゃんは、
自然が大好きです。」

自然に触れると、ココロちゃんは喜び、癒やされます。

自然とは、山や海、川、木、花、空、動物などのことです。

日常的に緑の多い公園を散歩したり、海沿いをドライブしたりして、自然に触れてリフレッシュしましょう。

ちなみに、クライアントさんでお花が大好きな人は、毎朝お花に声をかけるのが楽しみの1つになっています。


遠くから見るだけでなく、実際に手や足などで直接、自然に触れてみるのです。

たとえば、芝生の上に大の字で寝っ転がり芝生の匂いや感触を確かめたり、空に視線を向けて太陽と雲が一面に広がっているのを実感したりします。

他にも、桜の花びらが落ちていたら手に取ってその触感を確かめたり、川では裸足になり水の中に足を入れて冷たさや流れの速さなどを感じたりしてみます。

ただし自然に触れる際は、触っても良いかどうか事前に調べておきましょう。

ちなみに、落ちた桜の花びらは触ってもOKですが、桜の木や枝は傷つきやすいため直接触ってはいけません。

直接触れられない場合は、見たり、匂いを嗅いだりするだけでもＯＫです。

自然はココロちゃんの栄養剤

余裕がない時は特に、下を向いて歩いていることが多いでしょう。

そんな時こそ視線を上げて空を見上げてみましょう。

空に広がっている雲の形は常に変化しており、同じ形はありません。飛行機雲があったり、うさぎやハンバーガー、車など、さまざまな形をしています。

ぜひ、何の形に見えるのか考えて楽しんでみてください。


私は燃え尽き症候群を患っていた6年間、自分のことでいっぱいいっぱいで自然なんて全く意識していませんでした。

春夏秋冬を味わおうとせず、花見の季節であっても「桜が咲いているから何？」「人混みが嫌だ」などと思っていました。

しかし、今では意識して自然に触れるようになったことで、「もう桜が咲いている」

「春の川の水は冷たいな」「あの雲、ネコみたいな形だ！」など、純粋に自然を楽しむことができています。

自然は、ココロちゃんの栄養剤です。
短い時間でもいいので、自然に触れる時間を意識して作ってみましょう。

「ココロちゃんは、自分のことを好きになりたいと思っています。」

自分のことが嫌いな人は、ココロちゃんのことも嫌っています。

あなたがココロちゃんのことを嫌ってしまうと、ココロちゃん自身も自分のことが嫌いになってしまいます。

なぜなら、ココロちゃんはあなたで、あなたはココロちゃんだからです。

そのため、あなたが1人の時、ココロちゃんには寂しさや孤独感、喪失感などネガティブな感情が溜まってしまいます。

すると、あなたは1人でいる時間が苦しくて仕方がないので、ココロちゃんのネガティブな感情を解消するために、友人に会ったり、電話をしたりするのです。

ココロちゃんが自分のことを好きになるために

ココロちゃんが自分のことを好きになるために、ココロちゃんの好きなところを毎日3つ書き出しましょう。

いざやってみると、全く出ない人や相当苦労して絞り出す人がいます。こういう人たちは、残念ながらココロちゃんと仲が悪いのです。

対面でメントレする際、３人のクライアントさんと私の４人でお話しします。その際､私がみなさんに「ココロちゃんの好きなところを3つ教えてください」と聞くと、すぐにポンポン回答が出てくることはなく、少し時間がかかります。

３人全員が「パスで！」と答えたこともあります。

この質問はココロちゃんと仲良くなるのに効果的なため、「明日の朝まで待ちますよ！」と冗談を言いながらも、なんとか絞り出してもらうようにしています。

ここで大切なのは、ココロちゃんの好きなことを3つ出すことではありません。ココロちゃんと仲が悪いから、ココロちゃんの好きなところが出ない、または絞り出す必要があるということに気づいてもらうのが大切なのです。

ココロちゃんの好きなところを増やしていく

では、具体的にどのように自分の好きなところを増やしていけばいいのかご紹介しましょう。

それは、ココロちゃんの好きなところにおいて、〝量〟を意識することです。

「ココロちゃんの好きなところはどこですか？」と質問した際、多くのクライアントさんが答えられるのは「優しい」「誠実」「素直」など、性格にまつわることばかりです。

ココロちゃんの好きなところにおいて、性格にまつわることを探そうとすると数に限りがあります。

すると、いざココロちゃんの好きなところを複数出そうとしても、なかなか出てきません。

その結果、ココロちゃんの好きなところは「ない」となってしまうのです。

まずは、ココロちゃんの好きなところに対する範囲を広げましょう。

具体的には、次の2つのことをココロちゃんの好きなところに加えるのです。

・〇〇が好き
・〇〇したい思っている

1つ目の「○○が好き」では、たとえばココロちゃんがスタバのコーヒーが好きなら次のように答えます。

ココロちゃんの好きなところは、スタバのコーヒーが好きなところ。

他にも、茨城県が好き、赤が好き、寝るのが好きも、すべてOKです。

2つ目の「○○したいと思っている」は実際に行動したことではありませんが、ココロちゃんの好きなところに含めましょう。

たとえばココロちゃんが英語を勉強したいと思っているのなら、次のように答えます。

ココロちゃんの好きなところは、英語を勉強したいと思っているところ。

他にも、セミナーを受けたいと思っている、ダイエットをしたいと思っている、お菓子を作りたいと思っているも、すべてOKです。

クライアントさんに「書き出す内容は被らないほうがいいですよね？」と聞かれることがありますが、被っても問題ありません。

前日や3日前に書いたことなどを再び書いてもOKです。

何度も書き出すということは、それだけあなたがココロちゃんに対して「好き」だと思っているところだからです。

ココロちゃんの好きなところをたくさん見つけられると、昨日よりも今日、今日よりも明日というふうに、どんどんココロちゃんのことを好きになっていきます。

つまり、自分のことも好きになれるということです。

好きな人の好きな部分を見るように、ココロちゃんの好きな部分も見つけてあげましょう。

「ココロちゃんは、
日常に感謝したい
と思っています。」

感謝とは「ありがとう」の気持ちを言葉や行動によって相手に伝えることです。「そんなの当たり前じゃない」と思われるかもしれませんが、感謝することの大切さを知っていることと、実際にできているかどうかは別問題です。

たとえば、レジで店員さんに「ありがとうございました」と言われても、店員さんが目も合わさず言葉に気持ちが入っていないと、あなたのココロちゃんには届かず、感謝されているとは思わないでしょう。

これは「ありがとう」と感謝の言葉を形式に言っているだけであって、実質的に感謝しているわけではないからです。

感情が入っていないと言葉にしてもココロちゃんには伝わりません。

「ありがとう。すごく助かった」「ありがとう。とっても嬉しいよ」などと、感情がきちんと入った感謝を相手に伝えると、相手のココロちゃんだけでなく、あなたのココロちゃんも嬉しくなります。

なぜなら、きちんと感謝を相手に伝えられたからです。

些細なことに感謝する

私がクライアントさんに「最近いつ良いことがありました?」と聞くと、ほとんどの人が「1ヶ月前に旅行した」「3ヶ月前にボーナスをもらった」などイベントを答えます。

この回答から分かるのは、良かったことが特別なこと、または大きな出来事だと思っている人が多いということです。

私が特に衝撃を受けたのは、「子どもが生まれた6年前です」と言われた時です。最近の良かったことが6年前の出来事だとしたら、反対にこの6年間は良かったことがなかったということになってしまいます。

もちろん旅行やボーナス、旧友に会ったなど、特別なことや大きな出来事はすべて嬉しいことであり、良かったことで間違いありません。

しかし、特別なことや大きな出来事だけを良かったことだと思ってしまうと、それ以外は良かったことだと思えなくなってしまうのです。

ココロちゃんが「最近、良かったことがない……」と思っていると、不満や愚痴ばかり言うようになり感謝する機会が減ってしまいます。日々のことにもっと目を向けるべきなのです。

良かったこととは、特別なことや大きな出来事だけでなく、些細なことだと捉えてみましょう。

たとえば、次のようなことです。

・電車で座ることができた
・今日は残業しなかった
・好きな人と連絡を取ることができた

このように、「え、こんなこと？」と思ってしまうような些細なことを良かったことと捉えるのです。決して、質を求めすぎてはいけません。

そして、些細なことに対する感謝の気持ちを意識して持ちましょう。

良かったことを3つ書く

それでは、実際に日常生活における些細なことに感謝する方法をご紹介しましょう。

それは、**毎日良かったことを3つ書く**ことです。

毎日はハードルが高そうと思われるかもしれませんが、継続することで「私の日常は良いことで溢れている」と気づくことができます。


メントレでは「今日の良かったことを3つ書いてください」という宿題を出して、クライアントさんに毎日提出していただいています。

はじめは「宿題だからやらなきゃ……。えっと今日はどんな良いことがあったかな?」という気持ちからスタートしますが、数日経てば日常生活において些細な感謝に気づいた時に「あ、これノートに書こう」と思考が変化していきます。

このように、毎日良かったことを3つ書くことで、日常にある良い部分を探そうとする思考回路が作られていきます。

すると些細なことに良かったと思い、感謝できるようになるだけではなく、人の良い部分を見つけられるようにもなるので、人を褒められるようになります。

ここまで来ると、ココロちゃんは感謝で一杯になっています。

「最近良かったことがないな」と思っている人は、感謝をキャッチする感謝センサーがホコリをかぶっている可能性があります。

今すぐホコリをはたいて、感謝センサーを起動させましょう。

世界中には、あなたが何気なく手を伸ばしたお菓子1つの値段で1日を生活しなければならない人もいます。蛇口から出てくる水が安全でない国もあります。

私たちの生活においては、あることが当たり前だと思っていることも、視野を広げれば当たり前ではないことがたくさんあります。

私たちの日常は、感謝で溢れているのです。

32

「ココロちゃんは、
直感を尊重してほしい
と思っています。」

あなたは映画を観たり、散歩をしたり、友人と話したりしていて、何かにビビッと来たことはあるでしょうか？

それはココロちゃんの直感がビビッと来たものであり、私たちの人生を良くするうえで必要なものである可能性大です。

なぜなら、直感は自分に全く関係のないことには反応しないからです。

たとえば、あなたがギャンブルをしないとしたら、普段からギャンプルの情報は全く入ってこないでしょう。

反対に、あなたが美容に興味を持っていたら、自ら情報を探しに行かなくても流行の美容グッズが目に飛び込んで来るでしょう。

私たちは同じ情報を見ていたとしても、興味や関心、今までの経験などによって、ココロちゃんの直感が反応する情報やポイントが、人それぞれ変わってくるのです。

本屋をぶらぶら歩いてみよう

直感を作動させるには、本屋の中をぶらぶら歩いてみることがオススメです。

ゆったりと時間をかけ、本棚を1つひとつ眺め、どんなタイトルが目に飛び込んで来るのかを楽しみましょう。

探していた本が見つかるかもしれませんし、思いがけない出会いがあるかもしれません。

あなたの目に飛び込んできた本は、ココロちゃんが秘密にしている課題や悩みです。

失恋をして悩んでいる人は「恋愛」「復縁」「自分らしく生きる」、仕事を辞めたくて悩んでいる人は「転職」「自己分析」「職場の人間関係」などに関する本がビビッと来るでしょう。

たとえビビッと来た本が自分が悩んでいないことに関するものだとしても、ココロちゃんがあなたに気づいてもらえるように熱い眼差しを送ってくれているのです。

ココロちゃんがビビッと来た本は、すべて手に取ってみましょう。

そして、パラパラとページをめくって1つでも響く言葉があれば、そのままレジへ行って購入して読み進め、あなたの抱えている課題や悩みを解決していきましょう。

すぐに「どうやって実行しようか」と思いつかなくても考えを巡らしていけば、ココロちゃんが協力してくれるので、課題や悩みの解決に近づいていきます。

他にも普段生活している中で、「あれ、耳に残るな」と思う言葉があれば、紙に書き出し、「なんで私はこの言葉にビビッと来ているのかな？」と向き合うのもオススメです。

繰り返しますが、直感は自分に全く関係ないことには反応しません。

直感はココロちゃんが秘密にしている課題や悩みを示しているので、ビビッと来たものに反応したり、向き合ったりすることで、あなたの歩んでいるレールから良い意味で脱線したり、裏ルートを走らせたりしてくれる可能性が潜んでいるのです。

直感は、あなたの幸せに繋がるプラチナチケットです。チケットをゲットしても使うかどうかは、あなた次第です。

33

「ココロちゃんは、
寝ることが大好きです。」

睡眠の質はメンタルに直結します。

そのため、ココロちゃんも寝ることが大好きです。

しかし、ココロちゃんが満足いくまで眠れている人は多くありません。

メンタルの不調を抱えている人に「睡眠時間はどのくらい取れていますか？」と聞くと、4時間を下回っていることも珍しくないのです。

私がストレスによって500円玉大の円形脱毛症になったり、1ヶ月で15キロも痩せてしまったりした時も、睡眠時間は長くて4時間でした。

睡眠に勝るものはない

クライアントさんからよく「メンタルを安定させたいんですけど、どうすればいいですか？」と聞かれるので、毎回「早く寝てください」と答えています。

メンタルを整えるのに、睡眠ほど大切なことはありません。

なるべく夜の12時から最低でも6時間、理想は7時間から8時間くらい寝るようにしましょう。

疲れを取ることが大切なので、あなたの体調に応じて10時間寝ることがあってもいいでしょう。


睡眠中、私たちは何もできません。

なので、ココロちゃんと仲が悪い人は頑張っていない自分を肯定することができず、休息を取ると罪悪感で一杯になり、「睡眠時間＝無駄な時間」だと思ってしまいます。

しかし、睡眠中に記憶が定着したり、ココロちゃんと身体の疲れが回復したりしているので、全く無駄な時間ではありません。

むしろ、非常に重要な時間なのです。


会社員時代、私はココロちゃんとの仲が悪かったため、「明日も上司に怒られるかもしれない」「寝坊したらどうしよう」などと常に不安に駆られ、毎日寝ることができずに不眠の状態で会社に出勤していました。

睡眠不足なので、会社で眠気に襲われ集中力が散漫になり、仕事の効率が悪くなったり、ミスを連発したりしていました。通常なら2～3時間で終わる仕事が全く終わらないので、毎日4時間から6時間も残業をしていたほど……。

そのため帰宅時間が遅くなり、自炊する時間や精神的な余裕がないので食事は外食やコンビニ弁当で済ませる日々……。

この時は、自分がダメだから仕事が終わらずに残業していると思っていたのです。仕事を辞めてメンタルトレーナーになってからメンタルヘルスや睡眠に関する本をたくさん読み、睡眠の重要性を学びました。

そして実際に、睡眠時間が4時間と8時間の状態における仕事や勉強の効率、ココロちゃんの状態などを比較したり、睡眠時間の短いクライアントさんの状態を観察・分析したりしていく中で、睡眠の重要性を確信したのです。

睡眠に向けて日中を過ごす

たとえ、いかに睡眠が大切かが分かっていても、眠りたくても眠れない場合もあるでしょう。

その場合は、熟睡できるように日中の過ごし方を意識してみてください。

具体的には、次の方法があります。

・朝または日中に太陽の光を浴びる
・30分程度、身体を動かす
・カフェインの摂取は午後2時くらいまでにする
・体の芯が温まるまで湯船にしっかり浸かる
・寝る前にホットミルクを飲む
・寝る前にストレッチをする
・寝室にはスマホを持ち込まない　など

これらを実践することで、睡眠ホルモンのメラトニンをたくさん生成したり、体力が消耗したり、覚醒作用を防げたり、身体を温めたり、身体の緊張がほぐれたり、ブルーライトをカットできたりと、眠りやすくなるので、今よりも睡眠の質が向上します。

また、たとえ熟睡することができなくても、横になっているだけでココロちゃんも身体もともに回復します。

まずは身体を休めましょう。

そして「眠れない、眠れない」と焦らず、眠ることにこだわりすぎない柔軟性を持っておきましょう。

34

「ココロちゃんは、
適度な運動をしたい
と思っています。」

突然ですが、質問です。

質問1 適度な運動と聞くと、どれくらいの運動量をイメージするでしょうか？

おそらく、30分のウォーキングや1駅分歩く、腹筋50回、週に4回ジムに行くなどをイメージするのではないでしょうか？

では続いて、次の質問です。

質問2 あなたは質問1でイメージした適度な運動を毎日続けることができるでしょうか？

きっと、「いや、無理……」「続けられない」などと答えられたでしょう。

クライアントさんからも「運動をしようと思っても続かないんです」という相談をよく受けます。

では、なぜ適度な運動が続かないのか、それは適度な運動に設定しているハードルが非常に高いからです。

特に今まで運動の習慣がない人は自分にとっての〝適度〟が分からないので、いきなりハードルを上げすぎてしまいます。

その結果、最初の何日間かは継続できたとしても、筋肉痛や忙しさ、しんどさなどを理由にして一旦休んでしまい、簡単に挫折してしまうのです。

しかし、ココロちゃんを元気にするためには、適度な運動を習慣化することが大切です。

そこで、適度な運動を習慣化するためにはどうすれば良いのかについてお話ししていきましょう。

ハードルを上げすぎない

ココロちゃんと仲が悪い人は、「ココロちゃんには価値がない」と思っているので、「自分は頑張らなくちゃいけない」「普通の人よりも努力しなければいけない」などと、努力の量も質も求めすぎてしまいます。

しかしそれでは体に鞭(むち)を打ってまで頑張ってしまっているので、どこかで息切れしてしまい、継続することが難しくなるため習慣化できません。

なかなか運動を継続できない場合は、**ハードルをグーンと下げましょう。**

たとえば、「1日に1回は階段を使う」「休日は近くのカフェまで歩いていく」「寝る前に簡単なストレッチをする」など、あなたに適した運動量を見つけて、日常生活において取り組めそうなことからはじめてみるのです。

また、習慣化には頑張らなくてもできる仕組み作りが大切です。

今まで頑張ってきたのに何も続かなかった人は、ココロちゃんのその姿勢とエネルギーを頑張らなくてもできる仕組み作りに投下しましょう。

人生は、短距離ではなくフルマラソンです。平坦な道もあれば、上り道も、下り道も、曲がり道もあるので、ずーっと全速力で走れるわけではありません。

習慣化においても同じです。

良い日も、嫌な日も、何もない日も、しんどい日もあるので、ココロちゃんはずーっと絶好調ではいられません。

絶好調を永遠にキープすることは困難なので、絶好調の時に基準を合わせるのではなく、**不調の時でも継続できること**を基準に考えてみましょう。

たとえば、ココロちゃんが絶好調の時は腹筋が10回できるけれど不調の時は1回しかできないのであれば、「腹筋を1日に1回する」「腹筋を週に10回する」などといった具合です。

〝静〟よりも〝動〟

ある時から、リモートワークがメインになったクライアントさんから「最近、メンタルが不安定なんです」という相談が増えました。

特に彼らは日常的に運動を取り入れておらず、通勤が運動になっていたようです。そのためリモートワークがメインになり通勤する回数が減ると、自然と身体を動かす機会も減っていったのです。

静と動でいえば、ココロちゃんを元気にするために大切なのは〝動〟です。散歩や運動などで身体を動かしていると、だんだん前向きな気持ちになれるのはココロちゃんにエネルギーが補充されて元気になるからです。

反対に、同じ姿勢のままだったり、椅子に座り続けたりしていると気分が落ち込む場合があります。

つまり、リモートワークによって〝動〟が減ってしまったことで、ココロちゃんにエネルギーが補充されず元気がなくなってしまったのです。

私たちの身体とココロちゃんは繋がっています。

そのため、ココロちゃんが不安や怒りなどのネガティブな感情を抱いたら、身体を動かすために散歩や筋トレをオススメしています。

散歩中や筋トレ中に「まだココロちゃんがイライラしている」「ココロちゃんがモヤモヤしたままだな」など、感情が切り替えられていないと感じたら、そのまま散歩や筋トレを続けてください。

散歩や筋トレで身体を動かしていると、気づいた時には「起こったことは仕方がないよね。これからどうしていこうか考えよう」「ああ言われたけど、自分のために言ってくれたのかもしれない」などと、ココロちゃんが前を向いていきます。

35

「ココロちゃんは、甘えん坊です。」

ココロちゃんは甘えん坊なので、定期的に甘えさせてあげることが必要です。

ココロちゃんを甘えさせてあげる方法の1つに、**ご褒美**があります。

あなたは、定期的にココロちゃんにご褒美をあげているでしょうか？

多くの人は、「ご褒美は優秀な結果を出した時だけ」「ご褒美は頑張った時だけ」などと、ご褒美をあげること自体を制限していることでしょう。

しかし、何事も結果が出るまで時間がかかることはありますし、頑張っているのに〝頑張った〟と認識できていない場合もあります。

すると、ずっとココロちゃんにご褒美をあげることができないので、ココロちゃんが甘えられない状態が続き、拗ねたり、ひねくれたり、グレたりしてしまいます。

ココロちゃんにはアメが必要

ココロちゃんと仲が良い人を観察していると、食事や旅行、趣味、身体のメンテナンスなど、定期的にココロちゃんにご褒美をあげる習慣があります。

人によってご褒美をあげるタイミングは異なりますが、みんな定期的にご褒美をあげる日（ご褒美ＤＡＹ）を設け、甘えん坊なココロちゃんを喜ばせています。

これは決してココロちゃんを甘やかしているわけではありません。ココロちゃんを甘えさせて、ココロちゃんにエネルギーをチャージしているのです。


特にココロちゃんと仲が悪い人は、たとえ頑張っていても「頑張っていない」と思ってしまいがちです。

実際、ココロちゃんと仲が悪かった頃、ご褒美ＤＡＹとして毎週水曜日にお寿司を食べることにしたら、最初は「週１のペースで贅沢してもいいのだろうか？」と不安になりました。

なぜなら、今まで親や先生などから「もっと頑張ろう！」と言われ続けてきたから。「今の自分は頑張れていないからもっと頑張って期待に応えよう」などと、無意識のうちに「自分は頑張れていない」と思い込んでしまっていたのです。

はじめは、「結果も出していないのに、本当にいいの？」とココロちゃんが焦ったり不安になったりしますが、続けているとだんだん慣れていきます。ココロちゃんに

「いいんだよ」と優しく声をかけながらご褒美DAYを続けましょう。
たとえ失敗続きの週でも、誰かに怒られた日でも、状況や状態に左右されず淡々とココロちゃんにご褒美を与えましょう。

ご褒美DAYがあると、どんなに嫌なことがあっても、「明日は大好きなお寿司が食べられる」と気持ちが切り替えられたり、「体は疲れているけど、もう少しやりたいことをやろう」などと前向きな気持ちになれます。
クライアントさんにもご褒美DAYを取り入れてもらったところ「〝嫌いな上司とかかわるのはすごく嫌だけど今日はアイスを食べる日だ〟と思ったらストレスが減りました」などと大好評でした。

ご褒美といっても「アイスを食べる」「無料のゲームをする」「サウナに行く」などのように値段が高いものである必要はありません。ただ、せっかくのご褒美ですからココロちゃんが喜ぶことをしてみましょう。

「ココロちゃんは、
常にワクワクしたい
と思っています。」

突然ですが、質問です。

質問　今月3連休があった場合、あなたはその3連休の使い方をいつ決めますか？

3連休の初日に「さてこの3連休は何をしようかな？」と考えるのと、事前に「せっかくの3連休だから遠出をして広島に行こう！」と考えるのとでは、3連休におけるココロちゃんのワクワク感が全く違います。

ワクワク感は行動している時だけでなく、「何をしようかな？」と考えている時からすでに生じているのです。

ココロちゃんがワクワクしている時間を長くするために、予定は事前に入れましょう。

3連休など長めの休みだけでなく、土曜日のランチや週末の読書、数ヶ月先の日帰り旅行など、楽しみなことであれば何でもOKです。

私はメントレで日本全国に足を運ぶ際、事前に「来月は北海道と富山、香川に行こう」と予定を組み、観光系の雑誌を購入して情報収集をはじめます。

雑誌を読みながら、「北海道ではジンギスカン、富山ではます寿司、香川では讃岐うどんを食べよう」などと考えるので、ココロちゃんのワクワクが止まりません。よだれが出てきて満腹感すら感じてしまいます。

また、200ページでご紹介したご褒美DAYをスケジュールに書き込んでおくこともオススメです。

ご褒美DAYは定期的にやって来ますが、予定として組み込むことで、「ご褒美DAYまで、あと○日」などとココロちゃんは常にワクワク感を味わうことができるのです。

未来の自分のための予定を組む

ランチや読書、ライブ、旅行など、事前に予定を組むことができるようになったら、次は未来の自分のための予定を組んでみましょう。

未来の自分のための予定とは、どういう自分(理想の自分)になりたいかを考えたうえで立てる、「理想の自分になるためには何をしたら良いのか?」「未来の自分が〝よくやったぞ〟と言う行動は何か？」という視点で考えた予定のことです。

寂しいから友人とランチに行くのか、寂しいけれど未来の自分のために読書をするのかで、1週間、1ヶ月、1年、3年と時間が経つにつれて圧倒的な差がつきます。

未来の自分のための予定を組む際は、静かな場所で1人の時間を確保して、ココロちゃんと向き合うことを意識しましょう。


私が仕事を辞め、これからどのように生きていこうか迷った時、未来の自分のために毎日、図書館に行くことを予定に組み込みました。

地元の図書館に毎日行き、たくさんの本を読みながら、ココロちゃんと向き合って自分の人生について考えたことをノートに書き出しました。

ココロちゃんと向き合う中で、「メンタルトレーナーになる」「本を書く」という壮大な未来の自分のための予定を手に入れたのです。

どちらも経験がないので、できるかどうかは分かりませんでしたが、「3ヶ月後にはメンタルトレーナーになる」「1年後には本を書く」というふうに、未来の自分のための予定はなるべく早め、つまり前のほうに組み込みました。

もし未来の自分のための予定を3年後や5年後など後ろのほうに設定したら、ココロちゃんが「まだ先のことだから」「まだまだ時間があるし……」などと思い、ワクワク感が薄れてしまうからです。

ココロちゃんにワクワクしてもらうために、普段の予定から未来の自分のための予定まで事前に組むように心がけてみましょう。

Part 5 ワーク

★ワークを行う目的と効果

ココロちゃんと仲良くなるためには、日々の行動や思考を意識することが大切です。無意識に行動していることも、意識することで気づきや学びなどに繋がり、受け取り方が変わっていきます。

たとえば、248ページでご紹介する《新しいことにチャレンジするワーク》をする際、なんとなく新しいことにチャレンジするのか、「新しいことにチャレンジして、自分の世界を広げるぞ」と思ってチャレンジするのかで、ココロちゃんに与える影響が全く異なるのです。

意識的な行動を繰り返していると、ココロちゃんが意識的な行動を「慣れてきたぞ」と思って受け入れ、次第に無意識で行動や思考ができるようになっていきます。

Part5では、ワークを通して意識的な行動や思考を継続し、ココロちゃんが慣れて無意識でもできるようになることを目指していきましょう。

《カフェにジャージを着て行くワーク》では周りの目を気にしない練習、《お互いに褒め合うワーク》では相手を褒めたり、褒め言葉を受け取る練習などをしていきます。

この時、意識してワークに取り組むことで、ココロちゃんが何を感じ、どのようなことに気づくのかが、だんだん見えてきます。


ココロちゃんが感じていることすべてに価値があります。

そのためワークでは、常にペンとノートを使います。

ワーク中にココロちゃんが感じたことは、ポジティブなことだけではなく、ネガティブなこともすべて受け取り、ノートに書き出しましょう。

ノートに書き出すと「こんなことを感じていたんだ」「○○だと思っていたのに、▲▲だったんだ」などと、改めてココロちゃんと向き合うことができるのです。

意識して取り組んだワークの積み重ねによって、ココロちゃんと仲良くなれるうえ、ココロちゃん自身も成長していくのです。

★ワークについて

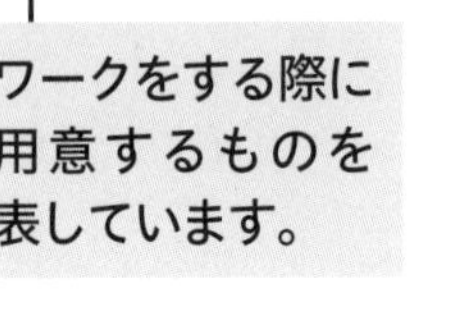

《秘密を誰かに共有するワーク》（約30分）

〈用意するもの〉

・ペン（色も太さも自由）

・ノート（サイズは自由）

・勇気

※このワークは、２人以上で行います。

ワークにかかる時間を表しています。

〈ステップ〉

1. 信用できる人を思い浮かべます

2. ステップ1で思い浮かんだ人に、あなたの秘密を打ち明けてみましょう
言えない秘密を伝えたり、無理して秘密を暴露したりする必要はありません。焦らず、少しずつ打ち明けてみてください。

ワークを行う順番や各ステップにおけるポイントを表しています。

ココロちゃんは、「普段の思考に価値がある」と思っています。

ココロちゃんと仲が悪い人は、ココロちゃんの思考に価値がないと思っています。

ココロちゃんの思考に価値がないと思うと、頭の中に浮かんでいる思考を「どうせ価値がないし」「周りの人からも否定されるから」などと飲み込んでなかったことにしたり、「どうせ自分なんて」と自分のことを否定したりしがちです。

しかし、価値がない人はいません。

まずはココロちゃんの思考に価値を感じるために、《ココロちゃんの思考を書き出すワーク》で頭の中に浮かんでいる思考を表に出す練習をしましょう。

《ココロちゃんの思考を書き出すワーク》（約10分）

〈用意するもの〉

・ペン（色も太さも自由）
・ノート（サイズは自由）
・タイマー

〈ステップ〉

1．ペンとノートを目の前に置いて、まずは1分間瞑想をします

＊瞑想の方法

①目を閉じて呼吸に集中します

②息を大きく吸って、大きく吐くことを3回繰り返しましょう

瞑想中に頭の中に浮かんできた言葉は、「ココロちゃんは○○について考えているんだ」と思うことに留め、深く考えすぎず、思考を流していきます。

2．瞑想が終了したら目の前のノートに、「今、ココロちゃんが感じていること」をそのまま書き出します

ノートはあなた以外に誰も見ないので、ありのままの言葉で書きましょう。

ポジティブなことだけでなく、ネガティブなことも書き出してみましょう。

・。.:*.゜☆.。.:*.゜☆.。.:*.゜☆.。.

私たちの脳は、ものすごく優秀です。

どんなに昔のことであっても、脳内（頭の中）に記憶が保存されていて、質問をされると記憶を探してアクセスすることができます。

つまり、あなたが読書や体験などを通じて今まで学んできたことは、頭の中にすべて保存されているのです。

あなたの今まで見聞きしたことや学んだこと、経験したことなどは、ダイヤモンドの原石であり、脳はダイヤモンドの原石が詰まっている金庫です。

頭の中は誰からも見えないので、どんなダイヤモンドの原石があるのかは見てみないと分かりません。

ココロちゃんの思考をノートに書き出すのは、頭の中にある見えないダイヤモンドの原石をノートという台に乗せて見えるようにすることなのです。

さあ、ワークを通じて頭の中のダイヤモンドの原石を取り出して、磨いて、キラキラと光輝くダイヤモンドへと変えていきましょう。

38

「ココロちゃんは、
遠い場所に行きたい
と思っています。」

旅行などで遠いところに行くのはワクワクしますが、時間とお金の関係で毎回希望どおりに行けるわけではありません。

そこでココロちゃんを満足させるためにオススメなのは、家から30分圏内を探索してみることです。

家から30分圏内とは、徒歩や自転車、車や電車などで30分以内で行ける範囲内です。たとえ徒歩や自転車だけでは山や川しかなかったとしても、車や電車を使うことで行動範囲を広げることができます。

さらに、インターネットで住んでいる地域や都道府県、観光名所、体験、ツアーなどを検索するとずらりと出てきますので、それらを参考にして次のワークに取り組んでみてください。

《家から30分圏内を探索してみるワーク》（約50分）

〈用意するもの〉

・インターネットの検索エンジン

・ペン（色も太さも自由）

・ノート（サイズは自由）
・移動手段と交通費（自転車や車、電車など）

〈ステップ〉

1．家から30分圏内に何があるかを調べてノートに書き出します

たとえば、カフェや観光名所、山、川、森など、何かしらあるはずです。

2．書き出したら計画を立てて、実際に足を運んでみましょう

。.:*・゜☆.。.:*・゜☆.。.:*・゜☆.。.

何年も同じ場所に住んでいると、近くに観光名所があったとしても目に入っているだけで実際には足を運んだことが全くないか、数年前に一度だけということがあります。

身近な場所は、機会がないと足を運びません。機会を作らなければ、せっかくの観光名所がいつも見えている風景になっていることもあるのです。

ぜひ、何かの縁だと思って、足を運んでみましょう。

足を運ぶ価値のある場所は遠くにあると思っていても、意外と身近にあるものなのです。

なんだか幸せと似ていますね。


ちなみに私の自宅の周りには車で30分のところに、日本で2番目に大きな湖、霞ヶ浦があります。いつも当たり前のように車内から見ていた景色でしたが、実際に足を運んでみると、釣りをしている人やサイクリングをしている人、帆引き船の写真を撮っている人など、さまざまな人がいらっしゃいました。


私たちの家から30分圏内には、人がお金と時間をかけてでも足を運ぶ価値のある場所が散りばめられています。

もちろん観光名所以外にも、スーパーやパン屋さん、カフェ、スポーツジムなど、ココロちゃんがウキウキする場所は十分すぎるくらい存在しています。

意外と身近にある幸せに気づきましょう。

『ココロちゃんは、「私は私、他人は他人」だと思っています。』

ココロちゃんと仲が悪い人は、ココロちゃんが「私は私、他人は他人」だと理解していても、周りの目を気にしてしまいます。

こういう人は、自分が「どう思われているのか」を常に考えるので、ココロちゃんは疲弊しています。

そこで重要なのは、一次情報を獲得することです。

一次情報とは、あなたが実際に足を運び、目で見たり、耳で聞いたりして感じた情報のことです。

「周りの人は誰も自分のことを気にしていない」と思うだけでなく、《カフェにジャージを着ていくワーク》で実際にジャージでカフェへ行き、少し目立つ服装をしているのにもかかわらず、「誰も私のことを見ていない」という一次情報を獲得しましょう。

《カフェにジャージを着ていくワーク》（約60分）

〈用意するもの〉

・ジャージまたは、スエット

・ドリンク代
・本（今、読みたいもの）
・ペン（色も太さも自由）
・ノート（サイズは自由）
・勇気

〈ステップ〉

1．ジャージを着て、カフェに行きます
店内には最低1時間は滞在し、読書や人間観察をしましょう。

2．店内を見渡し、次の質問について考えます
・店員さんは、どんな状況ですか？
・店内の人は、何をしていますか？

3．気づいたことをすべてノートに書き出します

店内にいる人を観察してみると、「それぞれの人が自分事で忙しい」ことに気づくでしょう。

たとえば、受験勉強をしている人や会話が盛り上がっているママ友、商談をしている会社員、別れ話をしているカップルなどがカフェにいたとします。みなさん店内にいますが、カフェを利用している目的はバラバラなのです。

そこで気づくのは、「あなたのことを気にしている人は誰もいない」ということです。せいぜい一瞬、あなたのことを見ることがあるくらいで、ジロジロと見てくる人はいません。

あえて目立ちやすい服装のジャージでカフェに行ったにもかかわらず、店内にいる人たちは誰も自分のことを見ていない……ということに気づいてほしいのです。

突然ですが、質問です。

あなたは24時間のうち、どのくらい周りの人のことを考えていますか?

1分でしょうか?

1時間でしょうか?

それとも30分くらいでしょうか?

ずっと周りの人のことを考えているようでも、具体的な時間に換算すると、そこまで長くは考えていないのではないでしょうか?

たとえ、あなたが周りの人のことを考えていたとしても「電車に間に合うか?」「夕飯は何にしようか?」「好きな人からの連絡に何と返事をしようか」など、自分事の悩みのほうを優先して考えているはずです。

周りの目を気にしてしまうあなたでさえ、そこまで長い時間、周りの人のことを考えていないのですから、周りの人があなたのことを考えている時間は全くないか、長くても数分程度でしょう。

周りの目を気にしないようになるためにも、日常的に人間観察をしてみましょう。

あなたが電車に乗っている時、周りの人は何をしていますか？

単語帳で勉強をしている学生や横の人に肩を借りて眠っているおばあさん、スマホの画面を見てゲームに夢中になっている会社員など。

「意外と自分のことは見られていない」という一次情報を集めましょう。

自分が思っている以上に、自分のことを見ている人がいないと思うと、ココロちゃんは「私は私、他人は他人」と周りの目を気にしなくなり、ココロちゃんの負担が減っていきます。

40

「ココロちゃんは、緊張しいです。」

ご飯屋さんやカフェなどで注文する時、「うまく注文を伝えられるかな」「後ろの人を待たせてしまって、迷惑をかけていないかな」などと周りの目を気にしてしまう人は、ココロちゃんが緊張して、意見をうまく伝えることができていない場合があります。

いざ、注文しようと思ってもココロちゃんが緊張してしまい、メニュー表に指を置き「これで」と言ってしまう人もいます。

そういう人たちにとっては、トッピングを注文するのは少しハードルが高いかもしれません。

しかしココロちゃんが緊張に慣れるために、《カフェでカスタマイズするワーク》を行い「チョコレートソース追加で！」「ミルクを豆乳に変更できますか？」など、ココロちゃんの意見を店員さんに伝えましょう。

《カフェでカスタマイズするワーク》（約10分）

〈用意するもの〉

・ドリンク代

・トッピングの内容のメモ

・ペン（色も太さも自由）
・ノート（サイズは自由）
・勇気

〈ステップ〉

1. レジで注文するタイプのカフェに行きます

2. ドリンクを注文する際、トッピングをします
トッピングは、公式に発表されているもの、あるいはネットで検索すると出てくる裏メニューに限定し、無茶な注文をしないように気をつけましょう。

3. 注文をしている時、周りの人を観察しましょう

4. 注文が終わったあと、周りの人を観察して次の質問に答えましょう
・後ろに並んでいる人は迷惑しているように見えるでしょうか？

5．ステップ3とステップ4でココロちゃんが感じたことをノートに書き出しましょう

このワークのポイントは、声を少し大きくはっきり発音するように意識することです。人は周りの目を気にして緊張している時、背中が丸まってしまい、声が小さくなります。そうすると、店員さんに伝わらない場合があります。

1回伝えるだけでも緊張するのに店員さんに「もう一度、お願いします」と言われてしまうと、ココロちゃんの緊張はますます強まってしまうでしょう。

ココロちゃんが必要以上に緊張しないためにも、このポイントを押さえてみてください。

仮に店員さんから「そのトッピングはできません」「もう一度教えてください」と言われても、焦らず堂々と伝えましょう。

このワークをする時は、堂々と落ち着いて、背筋を伸ばし、颯爽と振る舞う自分を

演じてください。演じることを意識して繰り返していくと意識しなくとも自然とできるようになっていきます。

また、トッピングを注文したあなたは、きっと通常の注文時よりも少し時間がかかったでしょう。

ステップ4で、注文後の周りの人の様子を観察したり、あなたの後ろに並んでいた人について質問をしましたが、多くの場合、スマホを見ていてあなたのことを全く気にしていないか、メニュー表を見ているためあなたに迷惑しているかどうかは分からないはずです。

あなた自身、5分もレジが進まないと「早くしてよ」と思うかもしれませんが、数十秒や2～3分であれば許容範囲で待てるのではないでしょうか？

あなたがレジでトッピングしたドリンクの注文をするくらいであれば、周りの人にとって何も迷惑にならないので、緊張したり、焦ったりする必要はないということに気づきましょう。

《カフェでカスタマイズするワーク》では、あなたにトッピングした飲み物の味を経験してほしいわけではありません。

ワークを通じて緊張に慣れる練習をすることで、ココロちゃんが緊張しても「いつも経験しているから大丈夫だよね」と声をかけて1歩踏み出せるようになってほしいのです。

「ココロちゃんは、
いつも耳を澄ませて
います。」

70ページでお話ししたように、前向きな言葉はココロちゃんの栄養になります。

ココロちゃんに前向きな言葉をプレゼントするには、日頃から前向きな言葉を声に出して言うことを心がけておく必要があります。

ココロちゃんはいつも耳を澄ませているので、あなたの発した言葉やあなたが耳にした言葉を受け取っています。

ココロちゃんに栄養満点の言葉をプレゼントすると考えて次のワークを行い、前向きな言葉を声に出して言ってみましょう。

《ココロちゃんに前向きな言葉をプレゼントするワーク》

〈用意するもの〉

・ペン（色も太さも自由）
・ノート（サイズは自由）
・前向きな言葉

〈ステップ〉

1．前向きな言葉を声に出して言う
「ココロちゃんには価値がある」「ココロちゃんは運が良い」などがオススメです。

2．ステップ1を3回繰り返す

3．ココロちゃんが感じたことをノートに書き出す
途中で気分が悪くなったり、涙が出てきたりした場合は、呼吸を整えて少しココロちゃんを落ち着かせてあげましょう。

☆ ☆ ☆

トレーニングをはじめてしばらくは、実際に「ココロちゃんには価値がある」「ココロちゃんは運が良い」などの前向きな言葉を声に出して言ってみると、「いやいや、価値なんてないし……」「運なんて良くない」などと違和感を抱くでしょう。

それは前向きな言葉に慣れていないという理由もありますが、その前向きな言葉自体にあなたの課題や思い込みが隠れているため、ココロちゃんが落ち着かない可能性が高いのです。

《ココロちゃんに前向きな言葉をプレゼントするワーク》を繰り返し、日頃からココロちゃんに栄養満点な言葉をプレゼントするとともに、あなたの課題や思い込みを発見してココロちゃんを落ち着かせてあげましょう。

違和感は、あなたが変わるために必要な要素です。

違和感を抱いてもやめずにトレーニングを続けていると、だんだん違和感に慣れていきます。

違和感が減ったということは、ココロちゃんが前向きな言葉を受け入れてくれたということなのです。

「ココロちゃんは、
ダイヤモンドを隠し持って
います。」

人間には何事においても、良い部分よりも悪い部分を見つけてしまいやすい性質があります。

《お互いを褒め合うワーク》をすることで、相手の良い部分に目を向けられるようにしていきましょう。

また、このワークでは褒められる側と褒める側の両方を経験します。

褒められる側では相手に褒めてもらうことによって褒め言葉を素直に受け取れるようになる練習、褒める側では相手の良い部分を見つける練習をしていきます。

直接相手を褒めることで、相手の喜ぶ姿や照れる姿を見ることができると、褒めることは相手が良い気持ちになる素敵なことなんだと認知できます。

相手を褒めることで相手が笑顔になることが分かれば、日常生活においてかかわる人に対しても、気軽に褒めることができるようになるのです。

それでは、実際にワークに取り組んでみましょう。

《お互いを褒め合うワーク》（約10分）

〈用意するもの〉

・ペン（色も太さも自由）
・ノート（サイズは自由）
・笑顔
※このワークは、２人以上で行います

〈ステップ〉

1．１人が相手の良い部分を１つ褒めます
2．褒められた人は「おかげさまで」と言い、褒める側と褒められる側を交代します
このワークでは褒め言葉を受け取る練習をしているので、たとえ違和感があっても「おかげさまで」と言いましょう。

3．ステップ1とステップ2を10回繰り返す

ココロちゃんと仲が悪い人は、《お互いを褒め合うワーク》において褒め言葉をいくつもキャッチしていくと、「はじめてそんなことで褒めてもらった」「恐れ多いな……」などと、自分が思ってもみなかったことで褒められたり、はじめて褒められたことがあったりすると困惑するでしょう。

しかしそれは、あなたにとっては当たり前でも、他者からすると秀でていること。つまり、ココロちゃんが隠し持っているダイヤモンドなのです。

ココロちゃんと仲が悪いと、ココロちゃんが持っているダイヤモンドに気づくことができないため、褒め言葉をキャッチした時に困惑してしまうのです。

ココロちゃんと仲良くなるために、褒め言葉を通じて「これもココロちゃんの良いところなんだ」「ココロちゃんはこんなこともすごいんだ」など、ココロちゃんが隠

し持っているダイヤモンドに気づけるようになりましょう。

また、このワークをしようとすると、「相手のことをそこまで知らないので、褒めることが難しい」と言うクライアントさんもいらっしゃいます。

しかし、相手のどの部分を褒めるかは自由なので、気軽に取り組んでみましょう。

最も褒めやすいのは、ココロちゃんのいちばん外側である外見です。

たとえば、「笑顔が素敵ですね」「服がオシャレですね」「髪色、似合ってますね」など、表情や服装、アクセサリーなどを褒めてみましょう。

そして、次にココロちゃんの内側を褒めていきます。

内側は、「忙しいのにすぐ連絡をくれる」「何事にも全力な感じが伝わってきます」「きちんと目を見て話してくれて嬉しい」など、相手の言動で嬉しかったことや、こんな性格をしていそうといった印象やイメージでも良いので柔軟に褒めてみましょう。

他にも、「素敵なお名前ですね」「素敵な声ですね」というふうに、素敵という言葉を使うことで褒め言葉に変換することもできます。

気軽に、柔軟に、その時に感じたありのままの気持ちで、相手を褒めていきましょう。

そうすることで、相手のココロちゃんのダイヤモンドもキラリと光り輝くのです。

「ココロちゃんは、

荷物を軽くしたい

と思っています。」

あなたが悩みや不安、秘密などを抱えていると、だんだんココロちゃんの背負っている荷物が重たくなってしまいます。

秘密は誰にも話せないので、特に重い荷物になっています。

そこで荷物を軽くするには、秘密を誰かに共有することが効果的です。

人それぞれ秘密には差があるので、内容を気にする必要はありません。あなたが秘密だと思っていることが、秘密です。

ただし、決して噂話やあなた以外の人の秘密ではありませんのでご注意を。

たとえば親や友人に悩みを聞いてもらって、心が軽くなった経験はありませんか？

それは、誰かに話すことでココロちゃんが抱えている荷物を手放すことができたからです。

《秘密を誰かに共有するワーク》を行い、ココロちゃんの荷物を少しでも軽くしてあげましょう。

《秘密を誰かに共有するワーク》（約30分）

〈用意するもの〉

・ペン（色も太さも自由）

・ノート（サイズは自由）

・勇気

※このワークは、２人以上で行います。

〈ステップ〉

1．信用できる人を思い浮かべます

2．ステップ1で思い浮かんだ人に、あなたの秘密を打ち明けてみましょう

言えない秘密を伝えたり、無理して秘密を暴露したりする必要はありません。焦らず、少しずつ打ち明けてみてください。

このワークの注意点は、信用できる人を慎重に選ぶことです。

あなたの秘密を告白しても、あなたのことを受け入れてくれる人、あなたが信用したいと思える人を選ぶことが大切です。

理想はカウンセラーなど、相談に乗るプロに依頼することです。

そうすれば、秘密が誰かに知れ渡ってしまう心配もありませんし、感情をオープンにして秘密を共有することができます。

場合によっては、SNSに匿名で秘密を綴ってみるのもいいでしょう。同じ悩みを抱えた人と繋がり、自分だけではないんだと思うことができるかもしれません。

生きづらさを感じる時は、ココロちゃんが1人で荷物を抱え込みすぎている場合が往々にしてあります。

誰にも言えない秘密を抱えていると、想像している以上にココロちゃんの荷物を重たくしているのです。

「ココロちゃんは、飽き性です。」

日常のほとんどが、同じことの繰り返しによって作られています。

起きる時間や寝る時間、朝・昼・晩に食べるもの、身につけるものなど、だいたい同じことが繰り返されているのではないでしょうか？

私たちは習慣の生き物です。

しかし、同じことばかりを繰り返していると、ココロちゃんは飽きてしまいます。

ココロちゃんが飽きてしまうと、「私の日常ってこんなものね」と感じてしまい、未来への期待が減り、現状で妥協するようになります。

ところが世界は刻々と変化していくので、現状維持は実際には維持されず、後退する一方なので対策を打つ必要があります。

ココロちゃんを飽きさせず、未来への期待を持ってもらうために、《新しいことにチャレンジするワーク》で、今までにやったことのないことにチャレンジしてみましょう。


《新しいことにチャレンジするワーク》（約30分）

〈用意するもの〉
・ペン（色も太さも自由）

・ノート（サイズは自由）

〈ステップ〉

1．今までにやったことがないこと、つまり新しいことを思い浮かべます

新しいことといっても、ハードルを上げる必要はありません。たとえば、早起きしてみる、気になっているカフェに行く、いつもの散歩コースを変えるなど、今までにやったことのないことであれば、なんでもＯＫです。

2．ステップ1で思い浮かべたことにチャレンジする

3．ステップ2でチャレンジした時にココロちゃんが感じたことをノートに書き出す

。＊。☆。＊。☆。＊。☆。

このワークでも肝心なのは、意識することです。新しいことにチャレンジしてココ

ロちゃんに刺激を与え、世界を広げることを意識しましょう。

新しいことへのチャレンジは経験のないことなので、最初は違和感があります。違和感があるのは、あなたが新しいことにチャレンジしている証なので、違和感は自分の世界が広がっていることだと、前向きに捉えましょう。

反対に違和感を抱かなくなっているとしたら、ココロちゃんが飽きてしまっているサインです。今すぐワークを行い、新しいことにチャレンジしましょう。

あなたはまだ、100パーセント完成された人ではありません。

新しいチャレンジをしていく中で、「意外と良いかも」「意外と自分に合っているかも」と少しでも思ったらココロちゃんがどんどん刺激され、新しい自分に変化しているところなのです。

また、チャレンジするクセができると「次はこれにチャレンジしてみよう」などと、ココロちゃんが積極的にチャレンジしたいことを持ってきてくれるようになります。

おわりに

本書を最後まで読んでくださり、ありがとうございます。

ココロちゃんの性格や性質をご理解いただけましたでしょうか？


もし私がココロちゃんの意見に耳を傾けずに過ごしていたら、今の私はいなかったでしょう。

本書は、ココロちゃんと出会い、ココロちゃんを大切にし続けているからこそ生まれたのです。


あなたもココロちゃんと出会いました。

ココロちゃんと仲良くなるための具体的な方法も知ることができました。

次は、あなた自身がココロちゃんと仲良くするかどうかです。

周りの目を気にしたり、周りの人から否定や批判、誹謗中傷などをされてチャレンジできなかったり、誰かに依存していたり……。

そんなあなたの状況や状態を変化させていきましょう。

ココロちゃんが「本当はどうしたいのか」「本当は何が欲しいのか」など、ココロちゃんの意見に耳を傾け、きちんと向き合っていくと、あなたが抱えている問題や悩みが解決されていくのです。

どうすれば良いか分からない時は、胸に手を当ててココロちゃんを感じてみましょう。きっと答えを導いてくれるはずです。

あなたが本書を読んで胸の奥底から感じているものがあるとしたら、ココロちゃんが「わたし、これをやってみたい！」と合図を送っているのです。そのやりたいことを尊重してみてくださいね。

たった一度きりしかない、あなただけの特別な人生です。

あなたの幸せの扉が開き、笑顔が溢れるように、心から願っております。

古山有則

「ココロちゃんの本棚」

守屋淳『最高の戦略教科書 孫子』日本経済新聞出版社

脳科学

アラン・ピーズ & バーバラ・ピーズ（著）／市中芳江（訳）『自動的に夢がかなっていく ブレイン・プログラミング』サンマーク出版

アンダース・ハンセン（著）／御舩由美子（訳）『一流の頭脳』サンマーク出版

池谷裕二『脳には妙なクセがある』扶桑社

デイヴ・アスプリー（著）／栗原百代（訳）『HEAD STRONG シリコンバレー式頭がよくなる全技術』ダイヤモンド社

ビジネス

アダム・グラント（著）／楠木建（監訳）『GIVE &TAKE 「与える人」こそ成功する時代』三笠書房

アダム・グラント（著）／楠木建（監訳）『ORIGINALS 誰もが「人と違うこと」ができる時代』三笠書房

アルベルト・サヴォイア（著）／石井ひろみ（訳）『Google×スタンフォード NO FLOP! 失敗できない人の失敗しない技術』サンマーク出版

アレックス・バナヤン（著）／大田黒奉之（訳）『The Third Door 精神的資産のふやし方』東洋経済新報社

池田貴将『この選択が未来をつくる』きずな出版

池田潤『毎日15分自分と向き合えば、「欲しい結果」がついてくる』KADOKAWA

エドワード・M・ハロウェル（著）／小川彩子（訳）『ハーバード集中力革命』サンマーク出版

エリック・シュミット、ジョナサン・ローゼンバーグ、アラン・イーグル（著）／櫻井祐子（訳）『1兆ドルコーチ』ダイヤモンド社

エリック・ベルトランド・ラーセン（著）／山口真由（監修）／鹿田昌美（訳）『ダントツになりたいなら、「たったひとつの確実な技術」を教えよう』飛鳥新社

楠木建『すべては「好き嫌い」から始まる 仕事を自由にする思考法』文藝春秋

楠木建『ストーリーとしての競争戦略』東洋経済新報社

樺沢紫苑『ブレインメンタル強化大全』サンクチュアリ出版

樺沢紫苑『今日がもっと楽しくなる行動最適化大全 ベストタイムにベストルーティンで常に「最高の1日」を作り出す』KADOKAWA

グレッグ・マキューン（著）／高橋璃子（訳）『エッセンシャル思考』かんき出版

グレッチェン・ルービン（著）／花塚恵（訳）『苦手な人を思い通りに動かす』日経BP

米田まりな『集中できないのは、部屋のせい。』PHP研究所

サイモン・シネック（著）／鈴木義幸（監修）／こだまともこ（訳）『「一緒にいたい」と思われるリーダーになる。』ダイヤモンド社

佐藤優『読書の技法』東洋経済新報社

ジャック・トラウト、スティーブ・リヴキン（著）／吉田利子（訳）『独自性の発見』海と月社

ジョフ・コルヴァン（著）／米田隆（訳）『究極の鍛錬』サンマーク出版

千田琢哉『「勉強」を「お金」に変える最強の法則50』学研プラス

千田琢哉『集中力を磨くと、人生に何が起こるのか?』学研プラス

中谷彰宏『人は誰でも講師になれる』日本経済新聞出版社

ブライアン・トレーシー（著）／本田直之（監訳）／片山奈緒美（訳）『大切なことだけやりなさい』ディスカヴァー・トゥエンティワン

ブレンドン・バーチャード（著）／山﨑拓巳（監修）／田村源二（訳）『[新装版] 人助け起業《ミリオネア・メッセンジャー》』ヒカルランド

本田健『大富豪からの手紙』ダイヤモンド社

マーカス・バッキンガム(著)／加賀山卓朗（訳）『最高の成果を生み出す6つのステップ』日本経済新聞出版

森信三『修身教授録』致知出版社

メンタルヘルス

サキョン・ミパム（著）／松丸さとみ（訳）『限界を乗り超える最強の心身 チベット高僧が教える瞑想とランニング』CCCメディアハウス

Testosterone『筋トレが最強のソリューションである マッチョ社長が教える究極の悩み解決法』ユーキャン

ドナルド・ロフランド（著）／上浦倫人（訳）『こころのウイルス』英治出版

ラス・ハリス（著）／岩下慶一（訳）『幸福になりたいなら幸福になろうとしてはいけない』筑摩書房

健康

佐藤義人『取れない疲れが一瞬で消える神ストレッチ』KADOKAWA

ショーン・スティーブンソン(著)／花塚恵(訳)『SLEEP 最高の脳と身体をつくる睡眠の技術』ダイヤモンド社

デイヴ・アスプリー（著）／栗原百代（訳）『シリコンバレー式 自分を変える最強の食事』ダイヤモンド社

西野精治『スタンフォード式 最高の睡眠』サンマーク出版

堀江昭佳『血流がすべて解決する』サンマーク出版

堀江昭佳『血流がすべて整う食べ方』サンマーク出版

マシュー・ウォーカー（著）／桜田直美（訳）『睡眠こそ最強の解決策である』SBクリエイティブ

牧田善二『医者が教える食事術 最強の教科書』ダイヤモンド社

村山彩『あなたは半年前に食べたものでできている』サンマーク出版

文芸・エッセイ

ノーマ・コーネット・マレック（著）／佐川睦（訳）『最後だとわかっていたなら』サンクチュアリ出版

葉田甲太『僕たちはヒーローになれなかった。』あさ出版

村上春樹『職業としての小説家』スイッチ・パブリッシング

森博嗣『小説家という職業』集英社新書

「ココロちゃんの本棚」

恋　愛

伊東明『恋愛依存症』実業之日本社

神崎メリ『ど本命の彼から追われ、告られ、秒でプロポーズされる! 秘密の「メスカ」LESSON』SBクリエイティブ

ジョン・グレイ（著）／児島修（訳）『一人になりたい男、話を聞いてほしい女』ダイヤモンド社

ラトナ・サリ・デヴィ・スカルノ『選ばれる女におなりなさい　デヴィ夫人の婚活論』講談社

自己啓発

アンソニー・ロビンズ（著）／本田健（訳・解説）『一瞬で自分を変える法』三笠書房

池上彰／佐藤優『僕らが毎日やっている最強の読み方』東洋経済新報社

池田貴将『未来記憶』サンマーク出版

クリスティーナ・クルック（著）／安部恵子（訳）『スマホをやめたら生まれ変わった』幻冬舎

久瑠あさ美『最高の自分を創る「勘違い」の才能』青春出版社

久瑠あさ美『メンタルトレーナーが教える　未来を動かす時間術』秀和システム

久瑠あさ美『マインドの創り方』三笠書房

グレッチェン・ルービン（著）／花塚恵（訳）『人生を変える習慣のつくり方』文響社

ケリー・マクゴニガル（著）／神崎朗子（訳）『スタンフォード式人生を変える運動の科学』大和書房

サラ・ハーベイ（著）／三宅康雄（訳）『1%の生活習慣を変えるだけで人生が輝き出すカイゼン・メソッド』徳間書店

ジェームズ・クリアー（著）／牛原眞弓（訳）『ジェームズ・クリアー式　複利で伸びる1つの習慣』パンローリング

スティーブン・R・コヴィー（著）／フランクリン・コヴィー・ジャパン（訳）『完訳　7つの習慣』キングベアー出版

千田琢哉『人生の勝負は、朝で決まる。』学研プラス

デイル・ドーテン（著）／野津智子（訳）『仕事は楽しいかね?』きこ書房

Dr. スタン・ビーチャム（著）／ムーギー・キム（監修）／熊谷小百合（訳）『エリート・マインド「勝ち抜く」力!』日本文芸社

中谷彰宏『頑張らない人は、うまくいく。』学研プラス

ナポレオン・ヒル（著）／田中孝顕（訳）『[新装版] 思考は現実化する』きこ書房

ナポレオン・ヒル（著）／田中孝顕（訳）『自己実現』きこ書房

ナポレオン・ヒル（著）／田中孝顕（訳）『悪魔を出し抜け!』きこ書房

ハル・エルロッド（著）／鹿田昌美（訳）『人生を変えるモーニングメソッド』大和書房

ピョートル・フェリクス・グジバチ（著）『人生が変わるメンタルタフネス　グーグル流「超集中」で常識を超えるパフォーマンスを生み出す方法』廣済堂出版

ビル・パーキンス（著）／児島修（訳）『DIE WITH ZERO　人生が豊かになりすぎる究極のルール』ダイヤモンド社

ボブ・バーグ（著）／弓場隆（訳）『こういう時に人は動く』ディスカヴァー・トゥエンティワン

ボブ・ロス（著）／大嶋祥誉（監修）／桜田直美（訳）『世界のセレブが夢中になる究極の瞑想』かんき出版

ミニマリストしぶ『手ぶらで生きる。見栄と財布を捨てて、自由になる50の方法』サンクチュアリ出版

メル・ロビンズ（著）／福井久美子（訳）『5秒ルール　直感的に行動するためのシンプルな法則』東洋館出版社

ルー・タイス（著）／苫米地英人（監修）／田口未和（訳）『アファメーション』フォレスト出版

ロビン・シャーマ（著）／北澤利彦（訳）『3週間続ければ一生が変わる　あなたを変える101の英知』海竜社

心理学

アンジェラ・ダックワース（著）／神崎朗子（訳）『やり抜く力』ダイヤモンド社

加藤諦三『悩みの正体』PHP研究所

シーナ・アイエンガー（著）／櫻井祐子（訳）『選択の科学』文藝春秋

ジャミール・ザキ（著）／上原裕美子（訳）『スタンフォード大学の共感の授業』ダイヤモンド社

内藤誼人『最高に幸せになる「口ぐせ」』秀和システム

ハイディ・グラント（著）／児島修（訳）『人に頼む技術　コロンビア大学の嫌な顔されずに人を動かす科学』徳間書店

ベンジャミン・ハーディ（著）／松丸さとみ（訳）『FULL POWER　科学が証明した自分を変える最強戦略』サンマーク出版

マルコム・グラッドウェル（著）／沢田博（監訳）／阿部尚美（訳）『第1感「最初の2秒」の「なんとなく」が正しい』光文社

ラス・ハリス（著）／岩下慶一（訳）『相手は変えられない　ならば自分が変わればいい』筑摩書房

ロバート・B・チャルディーニ（著）／社会行動研究会（訳）『影響力の武器［第三版］なぜ、人は動かされるのか』誠信書房

ロルフ・ドベリ（著）／中村智子（訳）『Think right 誤った先入観を捨て、よりよい選択をするための思考法』サンマーク出版

ロルフ・ドベリ（著）／安原実津（訳）『Think Smart　間違った思い込みを避けて、賢く生き抜くための思考法』サンマーク出版

ロルフ・ドベリ（著）／安原実津（訳）『Think clearly　最新の学術研究から導いた、よりよい人生を送るための思考法』サンマーク出版

哲　学

岸見一郎／古賀史健『嫌われる勇気』ダイヤモンド社

岸見一郎／古賀史健『幸せになる勇気』ダイヤモンド社

シェリー・ケーガン（著）／柴田裕之（訳）『「死」とは何か　イェール大学で23年連続の人気講義』文響社

セネカ（著）／ジェイムズ・ロム（編）／天瀬いちか（訳）『2000年前からローマの哲人は知っていた　死ぬときに後悔しない方法』文響社

著者紹介

古山有則（こやま・あきのり）

メンタルトレーナー

大学院修了後、相続専門税理士法人に勤め、その後独立。燃え尽き症候群、円形脱毛症を発症したことをきっかけに、メンタルや自己啓発、心理に関する書籍を1万冊以上読み漁る。高校時代に野球の国民体育大会（国体）優勝で培ったメンタル強化メソッドを統合し、「今が人生でいちばん楽しい」状態を常にアップデートできる独自のメントレを導き出す。「あなたが今、どんな状況・どんな状態だったとしても価値がある」というメッセージを届けるのがミッション。著書に『嫌いな人がいる人へ』（KADOKAWA）、『「孤独ちゃん」と仲良くする方法』（大和出版）がある。

校正／佐々木彩夏

しんどい心（こころ）がラクになる
ココロちゃんの取扱説明書（トリセツ）

〈検印省略〉

2021年 12 月 22 日 第 1 刷発行

著　者——古山 有則（こやま・あきのり）
発行者——佐藤 和夫

発行所——株式会社あさ出版

〒171-0022 東京都豊島区南池袋 2-9-9 第一池袋ホワイトビル 6F
電　話 03 (3983) 3225（販売）
　　　 03 (3983) 3227（編集）
ＦＡＸ 03 (3983) 3226
ＵＲＬ http://www.asa21.com/
E-mail info@asa21.com
印刷・製本 神谷印刷（株）

note http://note.com/asapublishing/
facebook http://www.facebook.com/asapublishing
twitter http://twitter.com/asapublishing

ISBN978-4-86667-319-6 C0030